Gästemenüs zum Vorbereiten

Annemarie Wildeisen

Gästemenüs
zum Vorbereiten

Die schönste Art, Gäste zu verwöhnen

Mit 75 Rezepten in 25 Menüs

AT Verlag

Geschirr, Gläser und Besteck für die Fotoaufnahmen wurden uns freundlicherweise von Globus AG Schweiz zur Verfügung gestellt.

Dieses Buch ist in freundlicher Zusammenarbeit mit Vreni Strahm von der Firma Electrolux AG (Schweiz) entstanden.

2. Auflage, 2000

AT Verlag, Aarau, Schweiz
Fotos: Andreas Fahrni, Bern
Lithos: Helm AG, Suhr
Druck und Bindearbeiten: Neue Stalling, Oldenburg
Printed in Germany

ISBN 3-85502-672-6

Inhaltsverzeichnis

Liebe Leserin, lieber Leser

Gäste empfangen ist ein Erlebnis, das die Menschen seit je beflügelt. Eine fröhliche, ernsthafte oder zur Bewältigung von Trauer einberufene Gästeschar um sich zu versammeln ist Ausdruck der herrschenden Kultur und Geisteshaltung. Essen und Trinken beleben die Sinne und erfreuen Auge, Herz, Seele und Gaumen. Einladungen bringen Vorfreude, Aufregung und sind oft Ausgangspunkt für lebenslange gute Verbindungen. Eine Tafelrunde kann neben den kulinarischen Höhepunkten auch die Persönlichkeit der Gastgeberin oder des Gastgebers in schönster Art und Weise zum Ausdruck bringen.

Individualisierung, Technologisierung und Globalisierung rütteln an den Grundfesten der hergebrachten Wertvorstellungen und haben Rahmenbedingungen geschaffen, die vom Einzelnen nicht mehr klar wahrgenommen werden können. Das grenzenlos gewordene Umfeld verunsichert die Menschen und umso mehr suchen sie in ihrem Heim die entschwindende Geborgenheit.

Was gibt es Schöneres, als weg vom Druck des Alltags eine persönliche Atmosphäre zu schaffen, wo Individuelles mit Gemeinsamkeit und Geselligkeit gepaart ist und wir füreinander da sind. Wer Gäste hat, braucht vorher und nachher und während der Tafelrunde viel Zeit. Diese Zeit muss geschaffen und eingeplant werden. Das vorliegende Buch von Annemarie Wildeisen «Gästemenüs zum Vorbereiten» will Ihnen dabei eine Hilfe sein und wird Sie, liebe Gastgeberin, lieber Gastgeber, dem schönen Erlebnis der Gastfreundschaft einen Schritt näher bringen.

Kurt Schläpfer
Direktionspräsident
Electrolux-Gruppe Schweiz

Klug geplant ist halb gekocht

Unbeschwertes Zusammensein und gemeinsames Geniessen – auch für die Gastgeberin, den Gastgeber – ist das Anliegen dieses Buches mit seinen 25 unkomplizierten Menüs zum Vorbereiten. 25 Vorschläge, die aber keinesfalls ein Muss sind: Vielmehr sollen sie Sie dazu anregen, die Rezepte für Vorspeisen, Hauptgerichte, Beilagen und Desserts auch als «Bausteine» zu betrachten, die nach Lust und Laune, Gelegenheit und Jahreszeit immer wieder anders kombiniert werden können.
Es sind lediglich einige wenige Punkte, an die man sich beim Zusammenstellen eines Menüs halten sollte – ansonsten gilt: Erlaubt ist, was gefällt und schmeckt.

– Ein gutes Menü richtet sich wenn möglich nach dem Angebot der Saison und des Marktes.
– Die verschiedenen Gerichte sollten insofern harmonieren, als dass sie zwar von den Zutaten her kontrastieren, von der Zubereitung her aber nicht abfallen. Also nicht etwa die Vorspeise oder Suppe aus Fertigprodukten zusammenstellen und das Hauptgericht dann mit aller Kunst und viel Aufwand zubereiten. Auch ist es heikel, rustikale Gerichte mit eleganten, raffinierten zu kombinieren.
– Nie allzu Ähnliches einander folgen lassen: Ist zum Beispiel eine Suppe mit Rahm zubereitet, sollte man darauf achten, dass die Sauce des Hauptgerichtes nicht noch einmal mit viel Rahm verfeinert wird, sondern sie sollte dann eher aus einem Jus bestehen, vielleicht mit Butter oder Gemüse gebunden. Dasselbe gilt auch für Beilagen: Also keine Bohnen zum Fleischgericht, wenn bereits ein Salat mit Böhnchen als Vorspeise serviert wurde.
– Gibt es zweimal Fleisch in einem Menü, so kommt das helle vor dem dunklen Fleisch – also zum Beispiel Poulet vor Schwein oder Rind, Kaninchen vor Lamm usw.

Wer je Gelegenheit hatte, einem Profi beim Kochen zuzuschauen, der weiss, dass eine minutiöse Vorbereitung das A und O für gutes Gelingen ist. Deshalb habe ich bei jedem Rezept – wenn nötig detailliert – vermerkt, bis zu welchem Punkt ein Gericht vorbereitet beziehungsweise sogar fixfertig zubereitet werden kann. Hingegen habe ich bewusst auf Zeitangaben verzichtet: Nicht jede(r) kocht gleich speditiv. Manche Leute scheinen vier Hände auf einmal zu haben, andere wiederum geniessen es, beim Rüsten, Schnetzeln, Braten und Backen genügend Zeit einzuplanen, um nicht in Stress zu geraten. Wichtig ist eigentlich nur eines: Auch für Gerichte, die man erst nach Eintreffen der Gäste zubereitet oder fertig stellt, alles so am Herd bereitstellen, dass es zum Fertigstellen nur noch einige wenige Handgriffe braucht, also kein langes Suchen nach Zutaten, Pfanne und anderen Gerätschaften aufkommt. Dies bringt Sie ins Schwitzen, nicht das Kochen!

Für welches Menü oder für welche Gerichte Sie sich auch immer entscheiden, denken Sie daran, dass nur eines wichtig ist: dass Sie mit Freude für Ihre Gäste kochen und dass niemand von Ihnen erwartet, dass sie mit Profiköchen konkurrieren müssen, die notabene nicht alleine in der Küche stehen, sondern viele hilfreiche Hände zur Verfügung haben. Viel wichtiger für Ihre Gäste ist nämlich, dass Sie nach getaner Arbeit mitgeniessen – das ist für alle Eingeladenen mindestens so viel wert wie ein Dreisterne-Menü ohne Fehl und Tadel!

In diesem Sinne wünsche ich Ihnen viel Erfolg und vor allem Freude beim Kochen!

Annemarie Wildeisen

Elegant und raffiniert

Menü 1

Zum Auftakt:
Geflügelsalat mit Tomaten-Avocado-Vinaigrette und Tabouleh

Das Hauptgericht:
Lammfilets auf Gemüse im Strudelteig

Zum Dessert:
Zitronenflammeri mit Erdbeersauce

Geflügelsalat mit Tomaten-Avocado-Vinaigrette und Tabouleh

Tabouleh ist ein würziger Gemüse-Getreide-Salat aus der arabischen Küche, der inzwischen in ganz Europa beliebt ist. Hier wird er mit Pouletbrüstchen kombiniert, die in einem Sud pochiert sind, und mit einer Tomaten-Avocado-Sauce serviert.

Für 4 Personen

Tabouleh:
1/4 l Gemüse- oder Hühnerbouillon
100 Bulgur
3 Esslöffel Zitronensaft
Salz, schwarzer Pfeffer aus der Mühle
5 Esslöffel Olivenöl
2 Bund glattblättrige Petersilie
1/2 Bund Pfefferminze

Poulet:
ca. 250 g Pouletbrüstchen
1 Esslöffel Senf
Saft von 1/2 Zitrone
1/2 l Hühnerbouillon

Vinaigrette:
2 grosse, feste Tomaten
4 Esslöffel Weissweinessig
1 Teelöffel Senf
Salz, Pfeffer aus der Mühle
6 Esslöffel Olivenöl
1 reife Avocado

1 Die Gemüse- oder Hühnerbouillon aufkochen und den Bulgur einstreuen. Neben der Herdplatte zugedeckt etwa 20 Minuten ausquellen lassen.
2 Den Zitronensaft mit Salz und Pfeffer verrühren, dann mit dem Olivenöl zu einer sämigen Sauce mischen. Petersilie und Pfefferminze fein hacken. Alles mit dem noch warmen Bulgur gründlich mischen. Mindestens 30 Minuten, besser aber länger ziehen lassen.
3 Die Pouletbrüstchen mit dem Senf einreiben und mit dem Zitronensaft beträufeln.
4 Die Hühnerbouillon aufkochen. Die Pouletbrüstchen hineinlegen. Einmal aufkochen, dann zugedeckt knapp unter dem Siedepunkt etwa 15 Minuten gar ziehen lassen. Im Sud abkühlen lassen.
5 Für die Vinaigrette die Tomaten quer halbieren, entkernen und klein würfeln. Den Essig mit dem Senf, Salz und Pfeffer verrühren. Das Olivenöl beifügen und alles zu einer sämigen Sauce mischen. Die Tomatenwürfel untermischen.
6 Die Avocado schälen, halbieren und den Stein entfernen. Die Hälfte der Frucht klein würfeln und sofort mit der Vinaigrette mischen, damit sich die Avocadowürfelchen nicht verfärben. Die restliche Avocado in dünne Scheiben aufschneiden, diese auf einen Teller legen und mit etwas Vinaigrette bepinseln, damit sie sich nicht verfärben.
7 Zum Servieren die Pouletbrüstchen in dünne Scheiben aufschneiden und fächerartig auf Tellern anrichten. Die Avocadoscheiben und den Bulgursalat daneben anrichten und alles mit Vinaigrette beträufeln.

Wenn man für weniger/mehr Gäste kocht
Die Rezeptmenge kann ohne Einschränkung halbiert oder vervielfacht werden.

Was man vorbereiten kann
Der Salat kann bis aufs Anrichten (Punkt 1–6) 2–3 Stunden im Voraus fertig gestellt werden.

Lammfilet auf Gemüse im Strudelteig

Lammfilets einmal anders: mit Gemüse umhüllt und in knusprigen Strudelteig verpackt; dazu wird eine leichte Currysauce serviert.
Grosse Lammrückenfilets sollten beim Metzger vorbestellt werden. Für kleine Filets bereitet man Portionenpakete zu, zum Beispiel in Form von Riesenbonbons, wie im Bild gezeigt; in diesem Fall das Fleisch nur gerade 30–40 Sekunden anbraten, damit es später beim Backen innen noch leicht rosa bleibt.

Für 4 Personen

Strudelteig:
175 g Mehl
¼ Teelöffel Salz
1 kleines Ei
knapp 100 ml lauwarmes Wasser
1 Esslöffel Öl

Füllung:
10 g chinesische Mu-Err-Pilze
1 grosse Karotte
2 Zweige Stangensellerie mit Grün
1 Stange Lauch
1 kleine Zwiebel
2 grosse Lammrückenfilets, je ca. 200 g schwer
Salz, schwarzer Pfeffer aus der Mühle
2–3 Esslöffel Olivenöl
1 Teelöffel Currypulver
2 Esslöffel Sojasauce
etwas Sambal Oelek oder Tabasco

Currysauce:
1 kleine Zwiebel
25 g Butter zum Andünsten
1 gehäufter Teelöffel Currypulver
100 ml Weisswein
¼ l Hühnerbouillon
1 Esslöffel Kokosflocken
½ kleiner Apfel
50 ml Rahm
1 Esslöffel weiche Butter zum Binden
1 Teelöffel Mehl
Salz, Pfeffer aus der Mühle
einige Tropfen Worcestershiresauce

60 g Butter zum Bestreichen

1 Für den Strudelteig Mehl und Salz in einer Schüssel mischen und in die Mitte eine Vertiefung drücken. Ei, Wasser und Öl verquirlen und in die Mehlmulde geben. Mit dem Mehl nach und nach vermischen. Dann den Strudelteig mindestens 10 Minuten von Hand durchkneten, damit er geschmeidig und gleichmässig elastisch wird. In Klarsichtfolie wickeln und zugedeckt 1 Stunde ruhen lassen.
2 Für die Füllung die Mu-Err-Pilze in heissem Wasser einweichen. Spülen und grob hacken.
3 Karotte, Stangensellerie und Lauch rüsten und in feine Streifchen schneiden. Die Zwiebel schälen und fein hacken.
4 Die Lammrückenfilets mit Salz und Pfeffer würzen. Im heissen Olivenöl rundum nur gerade 1 Minute anbraten, damit sich die Poren schliessen; das

Fleisch muss dabei nicht bräunen. Auf einem Kuchengitter auskühlen lassen.

5 Wenn nötig etwas Öl zum Bratensatz geben. Das vorbereitete Gemüse, die Pilze und die Zwiebeln darin andünsten. Das Currypulver darüber streuen und kurz mitdünsten. Mit der Sojasauce sowie etwas Sambal Oelek oder Tabasco pikant abschmecken. Auskühlen lassen.

6 Für die Sauce die Zwiebel schälen und fein hacken. In der Butter andünsten. Den Curry darüber streuen und kurz mitdünsten. Mit dem Weisswein ablöschen und leicht einkochen lassen. Die Hühnerbouillon und die Kokosflocken beifügen. Den ungeschälten Apfel an einer feinen Raffel dazureiben. Die Sauce auf kleinem Feuer etwa 10 Minuten kochen lassen. Dann durch ein Sieb giessen und die Rückstände gut auspressen. In den Topf zurückgeben.

7 Den Rahm zur Sauce geben. Die weiche Butter mit dem Mehl verkneten und in die leicht kochende Sauce geben. Mit Salz, Pfeffer und Worcestershiresauce abschmecken. Beiseite stellen.

8 Den Strudelteig halbieren. Jede Portion Teig zuerst dünn auswallen. Dann auf ein leicht bemehltes Tuch legen und mit den Händen möglichst dünn zu einem länglichen Rechteck ausziehen.

9 Das ausgekühlte Gemüse in der Länge eines Filets jeweils auf der unteren Hälfte der ausgezogenen Teigrechtecke verteilen. Die Filets darauf legen, die Seiten einschlagen und den Teig mit Hilfe des darunter liegenden Küchentuchs aufrollen. Mit der Nahtseite nach unten auf ein mit Backpapier belegtes Blech legen.

10 Die Butter schmelzen und die beiden Strudel damit bestreichen.

Oben Lammfilet auf Gemüse im Strudelteig
Unten links Geflügelsalat mit Tomaten-Avocado-Vinaigrette und Tabouleh, rechts Zitronenflammeri mit Erdbeersauce

11 Die Strudel im auf 200 Grad vorgeheizten Ofen 20 Minuten backen. Während des Backens noch einmal mit Butter bestreichen.
12 Vor dem Servieren die Currysauce nochmals aufkochen. Die Strudel in breite Tranchen schneiden, auf vorgewärmten Tellern anrichten und mit etwas Sauce umgiessen.

Wenn man für weniger/mehr Gäste kocht

- Für 2–3 Personen: Der Strudelteig kann nicht in kleinerer Portion als rezeptiert zubereitet werden; Reste tiefkühlen. Nach Belieben anstelle eines grossen Filets 2–3 kleine Lammfilets verwenden (siehe Kommentar zum Rezept); in diesem Fall die Gemüsezutaten wie für 4 Personen rezeptiert zubereiten. Die Zutaten für die Sauce halbieren.
- Mehr Gäste: Die doppelte Menge Strudelteig reicht zum Einpacken von bis zu 6 Lammfilets. Die Zutaten für die Füllung entsprechend der Gästezahl vervielfachen. Für bis zu 8 Personen die anderthalbfache Menge Sauce, für bis zu 12 Personen die doppelte Menge Sauce zubereiten.

Was man vorbereiten kann

- Die Lammfilets im Strudelteig können bis auf das Backen (Punkt 1–9) etwa ½ Tag im Voraus zubereitet werden; die Strudelteigpäckchen mit einem leicht feuchten Tuch bedecken, damit sie nicht austrocknen. Bis zum Backen kühl stellen.
- Die Currysauce kann 1 Tag im Voraus zubereitet werden. Im Kühlschrank aufbewahren.

Zitronenflammeri mit Erdbeersauce

Joghurt, Quark und Milch sind die Basis für diese zartschmelzenden kleinen Puddinge. Statt Zitronenjoghurt kann man auch Joghurt nature und etwas Zitronensaftkonzentrat nehmen.

Für 4 Personen

100 ml Milch
3 Blatt Gelatine
1 Zitrone
2 Becher Zitronenjoghurt (360 g)
75 g Rahmquark
75 g Zucker

Erdbeersauce:
250 g Erdbeeren
1 Esslöffel Zucker
Saft von ½ Zitrone

Garnitur:
Beeren der Saison

1 Die Milch aufkochen und den Topf vom Feuer ziehen.
2 Die Gelatine in kaltem Wasser einweichen, bis sie zusammengefallen ist. Gut ausdrücken und in der warmen Milch auflösen. Auskühlen lassen.
3 Die Schale der Zitrone (nur das Gelbe) dünn abreiben, den Saft auspressen und beides zusammen mit dem Joghurt, dem Quark und dem Zucker verrühren.
4 Wenn die Milch dem Rand entlang zu gelieren beginnt, kurz durchrühren und mit der Joghurtcreme mischen. In 4 kleine Dessertschalen oder Puddingformen füllen. Im Kühlschrank 2–3 Stunden fest werden lassen.
5 Für die Sauce die Erdbeeren mit dem Zucker und dem Zitronensaft pürieren. Bis zum Servieren kühl stellen.
6 Zum Anrichten je nach verwendeten Formen entweder etwas Erdbeersauce dekorativ auf den Puddingen verteilen oder die Förmchen kurz in heisses Wasser stellen und die Puddinge auf Teller stürzen. Mit Erdbeersauce umgiessen und mit Beeren garnieren.

Wenn man für weniger/mehr Gäste kocht

- Für 2–3 Personen: Die Zubereitung in kleinerer Menge als rezeptiert lohnt sich nicht. Die Zitronen-Flammeris halten sich jedoch 4–5 Tage im Kühlschrank.
- Mehr Gäste: Die Rezeptzutaten entsprechend der Gästezahl vervielfachen.

Was man vorbereiten kann

Die Zitronen-Flammeris können 1–2 Tage im Voraus zubereitet werden, die Erdbeersauce am Vorabend.

Menü 2

Zum Auftakt:
Lachsröllchen im Lattichblatt
auf Linsensalat

Das Hauptgericht:
Entrecôte double an falscher Trüffelsauce
Kartoffelküchlein

Zum Dessert:
Halbgefrorenes Kaffeesoufflé

Lachsröllchen im Lattichblatt auf Linsensalat

Die zarte Mousse aus frischem Lachs, Rahm und Ei wird zum Garen in ein Lattichblatt gewickelt. Anstatt auf einem Linsensalat kann man die Lachsröllchen auch mit einer leichten Zitronensauce (Rezept «Stroh und Heu an Zitronensauce», Seite 27) und etwas Trockenreis servieren.

Für 4 Personen

Lachsröllchen:
200 g Lachsfilet, enthäutet und entgrätet gewogen
1 kleines Ei
100 ml Doppelrahm
Salz, schwarzer Pfeffer aus der Mühle
4 grosse Lattichblätter
200 ml Gemüsebouillon

Linsensalat:
80 g rote Linsen
2 Schalotten
1 Teelöffel Butter
3 Esslöffel milder Sherryessig
1 Teelöffel Senf
5–6 Esslöffel Olivenöl
1 Bund Petersilie

1 Das Lachsfilet in Würfel schneiden und zum Vorkühlen 10–15 Minuten ins Gefrierfach stellen. Ei und Doppelrahm verrühren und ebenfalls kalt stellen (jedoch nicht in den Tiefkühler).

2 Die Lachswürfel in den Cutter geben, mit Salz und Pfeffer würzen, die Ei-Doppelrahm-Mischung beifügen und alles rasch fein pürieren. Wenn nötig nachwürzen und die Masse wieder kühl stellen.

3 Die Lattichblätter in kochendem Salzwasser etwa 20 Sekunden blanchieren. Sorgfältig herausheben, kalt abschrecken und auf einem sauberen Küchentuch abtropfen lassen. Die dicke Mittelrippe der Blätter mit der Breitseite einer Messerklinge flach drücken. Je ein Viertel der Lachsfarce auf die obere Hälfte jedes Lattichblattes geben. Die Seiten einschlagen und die Blätter wie eine Roulade aufrollen.

4 Die Bouillon in einen kleinen Topf geben und aufkochen. Die Lachsröllchen hineinlegen und zugedeckt auf kleinstem Feuer 10–15 Minuten gar ziehen lassen, dabei 2- bis 3-mal wenden. Man serviert die Röllchen lauwarm oder ausgekühlt, jedoch nie aus dem Kühlschrank!

5 Salzwasser aufkochen. Die Linsen hineingeben und 8–10 Minuten bissfest garen. Abschütten und gut abtropfen lassen.

6 Während die Linsen kochen, die Schalotten schälen und sehr fein hacken. In der Butter kurz weich dünsten. Die abgetropften Linsen beifügen und gut mischen.

7 Essig, Senf, Salz, Pfeffer und Olivenöl zu einer Sauce rühren. Über die warmen Linsen geben und diese kurz durchziehen lassen. Die Petersilie fein hacken und beifügen.

8 Den Linsensalat auf Teller verteilen. Die Lachsröllchen schräg aufschneiden und auf dem Salat anrichten.

Wenn man für weniger/mehr Gäste kocht
Die Rezeptmenge kann ohne Einschränkung halbiert oder vervielfacht werden.

Was man vorbereiten kann

- Die Lachsröllchen können bis und mit Punkt 3 bereits am Vorabend zubereitet werden. Etwa 30 Minuten vor dem Servieren, wie unter Punkt 4 beschrieben, garen.
- Der Linsensalat lässt sich 2–3 Stunden im Voraus zubereiten. Nicht im Kühlschrank aufbewahren, sonst verliert er sein Aroma!

Entrecôte double an falscher Trüffelsauce

Morcheln galten früher als Trüffel des armen Mannes; heute zählen sie zu den teureren Pilzen. Sie verleihen in diesem Rezept einer Portweinsauce die Würze. Diese passt übrigens nicht nur zu zartem Rindfleisch, sondern genauso gut zu Pouletbrüstchen, Lammrückenfilets, Gigot (Lammkeule), Schweinsfilet oder -nierstück. Wer es besonders luxuriös mag, kann in der Saison – Sommer bis Herbst – schwarze Trüffel für die Sauce verwenden, was allerdings ein kleines Vermögen kostet.

Für 4 Personen

15 g getrocknete Morcheln
2 Entrecôtes doubles, je ca. 300 g schwer
Salz, schwarzer Pfeffer aus der Mühle
1 Esslöffel Bratbutter

Sauce:
75 g Champignons
2 Schalotten
1 Esslöffel Butter zum Andünsten
1 Teelöffel Tomatenpüree
1 Esslöffel Cassislikör
1/4 l roter Portwein
200 ml Kalbsfond
ca. 75 g Butter zum Binden
evtl. 2–3 Tropfen Zitronensaft

1 Die Morcheln in 300 ml warmem Wasser mindestens 30 Minuten einweichen.

2 Den Ofen auf 80 Grad vorheizen und eine Platte mitwärmen.

3 Die Entrecôtes doubles mit Salz und Pfeffer würzen. In der heissen Bratbutter rundum – auch an den Enden – je nach Dicke der Fleischstücke 2 1/2–3 Minuten kräftig anbraten. Sofort auf die vorgewärmte Platte geben und im Ofen bei 80 Grad 1 Stunde (saignant, blutig) bis 1 1/2 Stunden (à point, rosa) gar ziehen lassen.

4 Die Champignons rüsten und in Scheiben schneiden. Die Schalotten schälen und hacken. Beides in der Butter andünsten. Tomatenpüree und Cassislikör beifügen und alles kurz weiterdünsten, bis der Likör eingekocht ist. Mit dem Portwein und dem Kalbsfond ablöschen. Auf grossem Feuer auf etwa 100 ml einkochen lassen.

5 Inzwischen die Morcheln abschütten, dabei 50 ml Morchelwasser aufbewahren. Die Pilze gründlich unter fliessendem Wasser spülen. Auf Küchenpapier trocknen, dann in Scheibchen oder Streifen schneiden.

6 Den Portweinjus durchsieben, dabei die Rückstände sehr gut auspressen. In die Pfanne zurückgeben. Morchelwasser und Morcheln beifügen und alles nochmals etwa 5 Minuten leicht kochen lassen. Beiseite stellen.

7 Unmittelbar vor dem Servieren die Sauce nochmals aufkochen. Die Butter in Flocken in die Sauce geben und einziehen lassen. Mit Salz, Pfeffer und nach Belieben wenig Zitronensaft abschmecken.
8 Die Entrecôtes doubles quer zur Faser in Scheiben schneiden und auf vorgewärmten Tellern anrichten. Mit etwas Sauce umgiessen. Sofort servieren.

Tipp

Man kann die eingeweichten Morcheln auch fein hacken und in die Sauce geben, dann schmeckt diese besonders intensiv. In diesem Fall braucht man nur etwa 5 g Morcheln.

Wenn man für weniger/mehr Gäste kocht

- Für 2–3 Gäste: Die Rezeptzutaten halbieren.
- Mehr Gäste: Für die Sauce bei Verdoppelung der Rezeptmenge nur die anderhalbfache Flüssigkeitsmenge (Portwein, Kalbsfond) verwenden, bei Verdreifachung nur die doppelte Flüssigkeitsmenge. Die Buttermenge zum Binden der Sauce nach Belieben ebenfalls etwas reduzieren.

Was man vorbereiten kann

Die Sauce (Punkt 4–6) kann bereits am Vorabend zubereitet werden; die Butter (Punkt 7) jedoch erst unmittelbar vor dem Servieren unter die kochende Sauce schlagen.

Lachsröllchen im Lattichblatt auf Linsensalat

Kartoffelküchlein

Durch die Beigabe von fein gehackten Zwiebeln erhalten die Küchlein aus pürierten Kartoffeln einen fein würzigen Geschmack. Wer Zwiebeln jedoch nicht mag, kann sie problemlos weglassen oder zum Beispiel durch klein gewürfelte Peperoni und/oder Zucchetti ersetzen; das Gemüse vor der Beigabe ebenfalls kurz dünsten.

Für 4 Personen

800 g Kartoffeln
100 g Zwiebeln
10 g Butter zum Dünsten
1 Bund Petersilie
40 g Butter
2 Eigelb
Salz, schwarzer Pfeffer aus der Mühle
1 Prise Muskatnuss
etwas Mehl zum Formen der Küchlein
40 g Bratbutter

1 Die Kartoffeln schälen und in nicht zu viel Salzwasser weich kochen.
2 Inzwischen die Zwiebeln schälen, fein hacken und in der Butter goldgelb dünsten. Zuletzt die fein gehackte Petersilie untermischen. Vom Feuer nehmen.
3 Die Kartoffeln abschütten und gut abtropfen lassen. In den Topf zurückgeben und auf der ausgeschalteten Herdplatte kurz trocken dämpfen. Dann sofort durch das Passiergerät (Passevite) treiben.
4 Die Butter, die Eigelbe und die Zwiebeln nacheinander unter das heisse Kartoffelpüree rühren. Mit Salz, Pfeffer und Muskatnuss abschmecken.
5 Etwas Mehl auf die Arbeitsfläche geben. Aus der Kartoffelmasse 2 Rollen von etwa 4 cm Durchmesser formen. Vor dem Ausbacken gut zugedeckt mindestens 1/2 Stunde kühl stellen.
6 Kurz vor dem Servieren die Kartoffelrollen in etwa 2 cm dicke Scheiben schneiden. In der heissen Bratbutter auf beiden Seiten goldbraun braten.

Wenn man für weniger/mehr Gäste kocht
Die Rezeptmenge kann ohne Einschränkung halbiert oder vervielfacht werden.

Was man vorbereiten kann
Die Kartoffelrollen (Punkt 1–5) können bereits am Vorabend zubereitet werden. Vor dem Servieren in Scheiben schneiden und braten. Die Küchlein nach Belieben neben dem Fleisch im Ofen warm stellen.

Entrecôte double an falscher Trüffelsauce mit Kartoffelküchlein

Halbgefrorenes Kaffeesoufflé

Unter knusprigem Mandelkrokant versteckt sich ein raffiniert gewürztes Eisparfait mit Schokolademandelsplittern und mit Baileys- oder Kaffeelikör parfümiert. Nach Belieben kann das Dessert auch in einer beschichteten, mit Klarsichtfolie ausgelegten Cakeform eingefroren und zum Servieren in Scheiben geschnitten werden.

Ergibt 4–6 Portionen

30 g Edelbitterschokolade
30 g Mandelsplitter
4 Eigelb
75 g Zucker
2 Teelöffel Instant-Kaffeepulver
4 Esslöffel Baileys- oder Kaffeelikör
300 ml Rahm

Krokant:
75 g Zucker
50 g Mandelstifte

1 4–6 Portionen-Souffléförmchen (je nach Grösse) mit je einer 4 cm hohen Papiermanschette – am besten aus Backpapier oder Halbkarton – einfassen und diese mit Küchenschnur fixieren.

Halbgefrorenes Kaffeesoufflé

2 Die Schokolade in ein Pfännchen geben und auf kleinstem Feuer langsam schmelzen. Die Mandelsplitter darunter mischen. Auf Backpapier schütten und im Kühlschrank erkalten lassen. Die Schokolademandelstifte grob hacken.
3 Eigelbe, Zucker Instantkaffee und Likör zu einer dicklichen Creme aufschlagen. Dann über ein heisses Wasserbad stellen und so lange weiterschlagen, bis die Creme leicht bindet. Nun in einem Eiswasserbad kalt schlagen.
4 Den Rahm steif schlagen und unter die Creme ziehen. Die Schokolademandelsplitter untermischen. Die Creme in die vorbereiteten Förmchen füllen. Die Soufflés mindestens 2 Stunden gefrieren lassen.
5 Für den Krokant den Zucker auf mittlerem Feuer langsam zu hellbraunem Karamel schmelzen. Erst umrühren, wenn der Zucker fast vollständig geschmolzen ist, sonst entstehen Klümpchen. Die Mandelstifte dazugeben und unter Rühren mit dem Karamel überziehen. Sofort auf ein Backpapier schütten und auskühlen lassen. Dann die Krokantmasse in einen Plastikbeutel geben und mit dem Wallholz zerbröseln.
6 Zum Servieren die Manschetten von den Förmchen lösen und die Soufflés mit dem Mandelkrokant bestreuen.

Wenn man für weniger/mehr Gäste kocht
Die Rezeptmenge kann ohne Einschränkung halbiert oder vervielfacht werden.

Was man vorbereiten kann
Die Kaffeesoufflés lassen sich etwa 1 Woche im Voraus zubereiten. Rechtzeitig aus dem Tiefkühler nehmen und im Kühlschrank leicht antauen lassen. Mandelkrokant in einem gut verschlossenen Glas aufbewahren, damit er nicht feucht wird und verklebt.

Menü 3

Zum Auftakt:
Champignonsalat mit Rohschinken und Parmesan

Das Hauptgericht:
Estragon-Mistkratzerli an Limonensauce
Kürbisrisotto

Zum Dessert:
Kleine Beerengratins

Champignonsalat mit Rohschinken und Parmesan

Für diesen raffinierten, für Augen und Gaumen gleichermassen attraktiven Salat kann man anstelle von Champignons auch Austernpilze oder – in der Saison – Steinpilze verwenden. Die Pfeffersauce passt auch gut zu Nüssli- oder Friséesalat.

Für 4 Personen

2 gehäufte Teelöffel eingelegter roter Pfeffer
100 ml Madeira oder Marsala
500 g Champignons
½ Bund glattblättrige Petersilie
12 Cherrytomaten
Salz
100 g Rucola
2 Esslöffel Olivenöl zum Braten
2 Esslöffel Rotweinessig
5–6 Esslöffel Olivenöl für die Sauce
4–8 Tranchen dünn geschnittener Rohschinken
50 g Parmesan am Stück

1 Die Pfefferkörner warm abspülen und mit einer Gabel leicht zerdrücken. Mit dem Madeira oder Marsala in ein Pfännchen geben und diesen auf kleinem Feuer gut zur Hälfte einkochen. Kurz abkühlen lassen.

2 Inzwischen die Champignons rüsten und in dicke Scheiben schneiden oder – wie auf dem Foto – die Pilzköpfe mit dem Ziseliermesser dekorativ zurechtschneiden (tournieren). Die Petersilie fein hacken. Die Tomaten je nach Grösse halbieren oder vierteln und leicht salzen. Den Rucola waschen und abtropfen lassen.

Champignonsalat mit Rohschinken und Parmesan

3 In einer Bratpfanne das Olivenöl erhitzen. Die Champignons beifügen und auf grossem Feuer braten; ziehen die Pilze Saft, diesen vollständig verdampfen lassen. Die Petersilie beifügen und 1 Minute mitbraten. Beiseite stellen.

4 Die Pfefferflüssigkeit mit Essig, Olivenöl und etwas Salz verrühren.

5 Den Rucolasalat auf Teller verteilen. Die Pilze und Tomaten darauf anrichten. Mit der Pfeffersauce beträufeln und mit je 1–2 Scheiben Rohschinken garnieren. Zuletzt mit einem Sparschäler einige Parmesanspäne über den Salat hobeln. Sofort servieren.

Wenn man für weniger/mehr Gäste kocht
Die Rezeptmenge kann ohne Einschränkung halbiert oder vervielfacht werden.

Was man vorbereiten kann
Alle Salatzutaten sowie die Sauce 2–3 Stunden im Voraus bereitstellen (Punkt 1–4), den Salat jedoch erst unmittelbar vor dem Servieren anrichten.

Estragon-Mistkratzerli an Limonensauce

Mistkratzerli sind besonders kleine, zarte Hühnchen, die auch unter ihrem französischen Namen Coquelets erhältlich sind. In diesem Rezept werden sie mit reichlich Estragon gewürzt – es könnte auch Basilikum sein! – und im Ofen knusprig gebraten; dazu gibt es eine Limonensauce, ebenfalls mit viel Estragon gewürzt, sowie einen Gemüsereis. Man kann für dieses Gericht auch zwei normale Poulets verwenden; die Bratzeit beträgt dann 45–50 Minuten; nach 25–30 Minuten die Ofentemperatur auf 220 Grad reduzieren.

Für 4 Personen

4 kleine Mistkratzerli (Coquelets)
2 Bund Estragon
3–4 Esslöffel Bratbutter
Salz, schwarzer Pfeffer aus der Mühle
1 grosse Schalotte
1 Esslöffel Butter zum Andünsten
25 ml Limonensaft
100 ml roter Portwein
50 ml Doppelrahm
50 g Butter zum Binden
1 Prise Cayennepfeffer
1 Prise Ingwerpulver

1 Die Haut der Hühnchen von der Öffnung her mit der Hand lösen und etwas zurückschieben. Etwa ein Drittel des Estragons direkt auf das Pouletfleisch legen und die Haut wieder darüber schieben. Gut die Hälfte des verbliebenen Estragons in die Bauchhöhlen verteilen. Den restlichen Estragon für die Sauce beiseite legen.

Estragon-Mistkratzerli an Limonensauce mit Kürbisrisotto

2 Die Bratbutter schmelzen. Die Mistkratzerli mit der Hälfte der Butter rundum einpinseln. Die restliche Bratbutter beiseite stellen. Die Hühnchen kräftig mit Salz und Pfeffer würzen. In eine feuerfeste Form oder in einen Bräter legen.

3 Die Mistkratzerli im auf 250 Grad vorgeheizten Ofen auf der zweituntersten Rille je nach Grösse 25–30 Minuten braten, dabei noch etwa zweimal mit Bratbutter bepinseln.

4 Inzwischen die Schalotte schälen und sehr fein hacken.

5 In einem Pfännchen die Butter schmelzen. Die Schalotte darin hellgelb dünsten. Mit dem Limonensaft und dem Portwein ablöschen und alles auf 50 ml einkochen lassen. Dann den Doppelrahm beifügen. Die Sauce beiseite stellen.

6 Den verbliebenen Estragon fein hacken.

7 Wenn die Mistkratzerli fertig gebraten sind, die Sauce nochmals aufkochen. Die Butter beifügen und die Sauce mit dem Mixer aufschlagen. Den gehackten Estragon beifügen und die Sauce mit Salz, Pfeffer, Cayennepfeffer und Ingwerpulver abschmecken.

8 Die Mistkratzerli mit der Geflügelschere der Länge nach halbieren und auf vorgewärmte Teller anrichten. Die Sauce separat dazu servieren.

Wenn man für weniger/mehr Gäste kocht
Die Rezeptmenge kann ohne Einschränkung halbiert oder vervielfacht werden.

Was man vorbereiten kann
Die Hühnchen können bis aufs Braten (Punkt 1–2) 2–3 Stunden im Voraus bereitgestellt werden. Die Sauce (Punkt 4–5) kann ebenfalls vorbereitet und dann unmittelbar vor dem Servieren gemäss Punkt 7 fertig gestellt werden.

Kürbisrisotto

Ein Rezept mit überraschenden Variationsmöglichkeiten: Man kann den Risotto auf die gleiche Art auch mit Zucchetti oder Melone mit orangefarbenem Fleisch zubereiten.

Für 4 Personen

500 g gelber Kürbis
1 Zwiebel
1 Esslöffel Butter zum Andünsten
100 ml Milch
ca. 1/2 l Hühner- oder Gemüsebouillon
1 Bund Petersilie
175 g Risottoreis (z. B. Carnaroli, Arborio, Vialone)
1 Esslöffel Butter zum Verfeinern
30 g frisch geriebener Parmesan oder Sbrinz
Salz, schwarzer Pfeffer aus der Mühle
1 Prise frisch geriebene Muskatnuss

1 Den Kürbis schälen und Kerne sowie schwammiges Fleisch entfernen. Das Kürbisfleisch in kleine Würfel schneiden.

2 Die Zwiebel schälen und fein hacken.

3 In einem Topf die Butter schmelzen. Die Zwiebel darin hell dünsten. Den Kürbis beifügen und kurz mitdünsten. Mit der Milch ablöschen. Den Kürbis unter häufigem Rühren weich dünsten. Wenn nötig einige Löffel Hühner- oder Gemüsebouillon dazugiessen.

4 Während der Kürbis kocht, die Petersilie fein hacken. Zusammen mit dem Reis zu den weich gekochten Kürbiswürfeln geben. Alles gut mischen und etwa ein Drittel der Hühner- oder Gemüsebouillon beifügen. Unter häufigem Rühren weiterköcheln lassen, bis der Reis die Flüssigkeit aufgenommen hat. Dann nach und nach die restliche Bouillon beifügen und den Risotto noch so lange kochen lassen, bis er «al dente», das heisst bissfest ist.

5 Die zweite Portion Butter sowie den Käse untermischen und den Kürbisrisotto mit Salz, Pfeffer und Muskatnuss abschmecken.

Wenn man für weniger/mehr Gäste kocht
Die Rezeptmenge kann ohne Einschränkung halbiert oder vervielfacht werden.

Was man vorbereiten kann
Der Risotto lässt sich bis und mit Punkt 3 2–3 Stunden im Voraus zubereiten. Alle übrigen Zutaten bereit stellen. 15 Minuten vor dem Servieren den Risotto fertig kochen.

Kleine Beerengratins

Auch wenn man bei diesem warmen Dessert nicht viel vorbereiten kann, ist es dennoch unkompliziert in der Zubereitung: Beeren aller Art – gemischt oder nur eine Sorte – werden mit einer Quark- Rahm-Creme kurz überbacken. Im Winter kann das Dessert mit Orangen- und Grapefruitfilets zubereitet werden.

Für 4 Personen

400–500 g gemischte Beeren (z.B. Himbeeren, Heidelbeeren, Johanisbeeren) oder auch nur eine Sorte (evtl. auch tiefgekühlt)
2 Esslöffel Zucker für die Beeren
nach Belieben 1–2 Esslöffel Cassis- oder Orangenlikör
Saft von 1/2 Zitrone
2 Eigelb
25 g Zucker für die Creme
1 Päckchen Bourbon-Vanillezucker
75 g Magerquark
50 ml Crème fraîche
2 Eiweiss

1 Die Beeren verlesen, nur wenn nötig waschen. Mit dem Zucker bestreuen und nach Belieben mit etwas Cassis- oder Orangenlikör parfümieren.
2 4 Portionen-Gratinformen grosszügig ausbuttern. Den Backofen auf 250 Grad vorheizen.
3 Zitronensaft, Eigelbe, Zucker und Vanillezucker zu einer hellen, dicklichen Creme aufschlagen; der Zucker soll sich vollständig aufgelöst haben. Magerquark und Crème fraîche untermischen.
4 Das Eiweiss steif schlagen. Sorgfältig unter die Quarkmasse ziehen.
5 Die Beeren in die vorbereiteten Formen verteilen. Die Quarkcreme darüber geben. Sofort im 250 Grad heissen Ofen im oberen Drittel 5–8 Minuten überbacken.

Wenn man für weniger/mehr Gäste kocht
Die Rezeptmenge kann ohne Einschränkung halbiert oder vervielfacht werden.

Was man vorbereiten kann
Die Beeren sowie alle übrigen Zutaten bereitstellen. Die Quarkcreme darf jedoch erst kurz vor dem Überbacken zubereitet werden, sonst fällt sie zusammen.

Kleine Beerengratins

Menü 4

Zum Auftakt:
Marinierte Zucchetti und Auberginen

Das Hauptgericht:
Kräuter-Kalbsfilet an leichter Senfsauce
Gemüsereis

Zum Dessert:
Kir-Royal-Mousse

Marinierte Zucchetti und Auberginen

Eine würzige Peperonisauce begleitet diese golden gebackenen Zucchetti- und Auberginenscheiben, die mit Thymian und Balsamicoessig mariniert werden.

Für 4 Personen

4 möglichst kleine oder 2 mittlere Zucchetti
1 Aubergine
kaltgepresstes Olivenöl zum Braten
Salz, schwarzer Pfeffer aus der Mühle
4 Zweige Thymian
50 ml Balsamicoessig
1 gelbe Peperoni (Paprika)
5 rote Peperoni (Paprika)
3–4 Esslöffel Noilly Prat (trockener Wermut) oder trockener Portwein
75 ml Hühnerbouillon

1 Die Zucchetti und die Aubergine ungeschält der Länge nach in dünne Scheiben schneiden. Portionenweise in heissem Olivenöl beidseitig weich und golden braten. Auf eine Platte schichten, mit Salz, Pfeffer, Thymianblättchen und Balsamicoessig würzen. Mindestens 1 Stunde, besser aber länger bei Zimmertemperatur marinieren lassen.
2 Den Backofengrill auf 250 Grad vorheizen.
3 Die Peperoni halbieren, entkernen und mit der Hautseite nach oben auf ein Backblech legen. Im oberen Drittel des Backofens unter dem heissen Grill so lange rösten, bis die Haut schwarze Blasen wirft. Herausnehmen, mit einem feuchten Tuch bedecken und 5 Minuten stehen lassen. Danach lässt sich die Haut problemlos abziehen.
4 Die gelbe Peperoni sowie zwei rote Peperonihälften in lange, dünne Streifen schneiden. Zu den Zucchetti und Auberginen geben.
5 Noilly Prat oder Portwein und Hühnerbouillon aufkochen und 2 Minuten kochen lassen. Mit den restlichen, in grobe Stücke geschnittenen roten Peperoni im Mixer oder mit dem Stabmixer fein pürieren. Die Sauce mit Salz und Pfeffer abschmecken.
6 Zum Servieren die Zucchetti, Auberginen und Peperoni dekorativ auf Tellern anrichten und mit Peperonisauce umgiessen.
Als Beilage passen Knoblauchbrötchen, mit Olivenpaste bestrichene geröstete Pariserbrot-Scheiben oder ganz einfach frisches Brot.

Wenn man für weniger/mehr Gäste kocht
Die Rezeptmenge kann ohne Einschränkung halbiert oder vervielfacht werden.

Was man vorbereiten kann
Das Gericht kann bis und mit Punkt 4 gut ½ Tag im Voraus zubereitet werden.

Kräuterkalbsfilet an leichter Senfsauce

Eine zurückhaltend gewürzte, zarte Senfsauce begleitet eines der festlichsten, aber auch teuersten Fleischstücke, ein Kalbsfilet. Nach dem Anbraten würzt man es mit einer südlich inspirierten Kräutermischung und lässt es im Ofen langsam gar ziehen; dadurch bleibt es besonders saftig. Es kann, muss aber nicht Kalbsfilet sein: Das Gericht lässt sich genauso gut mit Schweinsfilet oder

Marinierte Zucchetti und Auberginen

Pouletbrüstchen zubereiten. Dadurch ändert sich nur die Dauer des Anbratens: Schweinsfilet 4–5 Minuten, Pouletbrüstchen 3–4 Minuten anbraten.

Für 4 Personen

1 Knoblauchzehe
6 Salbeiblätter
1 Zweig Rosmarin
1½ Esslöffel Olivenöl
1 mittleres Kalbsfilet, 500–600 g schwer
Salz, Pfeffer aus der Mühle
1 Esslöffel Bratbutter

Sauce:
100 g Champignons
1 Schalotte
1 Teelöffel Butter
1 Messerspitze Currypulver
2 Esslöffel Cognac
200 ml Weisswein
1 Lorbeerblatt
2–3 Zweige Petersilie
1 Teelöffel englisches Senfpulver
150 ml Doppelrahm
1 gehäufter Teelöffel körniger Senf

1 Den Backofen auf 80 Grad vorheizen und eine Platte mitwärmen.

2 Den Knoblauch schälen. Zusammen mit dem Salbei und den Rosmarinnadeln sehr fein hacken. Mit dem Olivenöl mischen.

3 Das Kalbsfilet mit Salz und Pfeffer würzen. Die Bratbutter erhitzen und das Filet rundherum insgesamt 6 Minuten anbraten. Aus der Pfanne nehmen, mit der Kräutermischung bestreichen, sofort auf die vorgewärmte Platte geben und im 80 Grad heissen Ofen 1¾–2 Stunden nachgaren lassen.

4 Den Bratensatz mit wenig Wasser auflösen, durch ein Sieb giessen und beiseite stellen.

5 Die Champignons rüsten und in Scheiben schneiden. Die Schalotte schälen und fein hacken.

6 In einer Pfanne die Butter schmelzen. Champignons, Schalotte und Currypulver darin andünsten. Mit Cognac, Weisswein und dem Bratensatz ablöschen. Das Lorbeerblatt und die Petersilienzweige beifügen. Alles gut zur Hälfte einkochen lassen.

7 Die Sauce durch ein Sieb abgiessen, dabei die Rückstände gut auspressen. In die Pfanne zurückgeben. Das Senfpulver dazurühren. Den Doppelrahm beifügen und die Sauce noch so lange kochen lassen, bis sie leicht bindet. Zuletzt den körnigen Senf unterrühren und die Sauce mit Salz und Pfeffer abschmecken.

8 Das Filet schräg in Scheiben aufschneiden und mit der heissen Sauce umgiessen. Sofort servieren.

Wenn man für weniger/mehr Gäste kocht

- Für 2–3 Gäste: Die Rezeptzutaten halbieren.
- Für eine grössere Runde kann man anstelle eines Kalbsfilets auch ein Kalbsnierstück (ausgelöstes Karree) wählen; dieses etwas länger anbraten – etwa 10–12 Minuten – und 2½–3 Stunden nachgaren lassen.
- Für die Sauce bei Verdoppelung der Rezeptmenge nur die anderthalbfache Menge Flüssigkeit (Weisswein, Doppelrahm) und Senf verwenden. Bei Verdreifachung der Rezeptmenge rechnet man die doppelte Menge Flüssigkeit und Senf.

Was man vorbereiten kann

Die Sauce (Punkt 5–7) kann bereits am Vorabend zubereitet werden; am andern Tag nach dem Anbraten des Fleisches den Bratensatz dazugiessen.

Kräuterkalbsfilet an leichter Senfsauce mit Gemüsereis

Gemüsereis

Diesen Langkornreis kann man auch in einer Sommer-Variante zubereiten: Anstelle von Karotten und Stangensellerie wählt man dann frische Erbsen sowie rote und gelbe Peperoni.

Für 4 Personen

150 g Langkornreis (Parboiled)
2 grosse Karotten
3–4 Zweige Stangensellerie
25 g Butter
Salz, Pfeffer aus der Mühle

1 Den Reis in reichlich Salzwasser bissfest garen (12–15 Minuten). Abschütten, kurz kalt abschrecken und gut abtropfen lassen.
2 Die Karotten schälen. Den Stangensellerie rüsten, dabei zartes Grün stehen lassen. Beides in kleine Würfelchen schneiden.
3 In einer Pfanne die Butter schmelzen. Das Gemüse darin knackig dünsten. Salzen und pfeffern.
4 Am Schluss den Reis beifügen und alles nur noch gut heiss werden lassen.

Wenn man für weniger/mehr Gäste kocht
Die Rezeptmenge kann ohne Einschränkung halbiert oder vervielfacht werden.

Was man vorbereiten kann
Den Reis und das Gemüse separat etwa 1/2 Tag im Voraus zubereiten. Vor dem Servieren das Gemüse nochmals erhitzen, dann den Reis beifügen und alles nur noch gut heiss werden lassen.

Kir-Royal-Mousse

Kir-Royal-Mousse

Kir Royal ist das bekannte Aperitifgetränk aus Champagner mit Cassislikör gemischt. In diesem Rezept werden die beiden Getränke zu einer erfrischend leichten Mousse kombiniert, die auf einem Himbeerpüree serviert wird.

Für 4 Personen

3 Blatt Gelatine
3 Eigelb
30 g Puderzucker
1 Esslöffel Zitronensaft
50 ml Cassislikör
150 ml trockener Champagner oder Schaumwein
150 ml Rahm

Himbeersauce:
250 g Himbeeren
2 Esslöffel Puderzucker
1 Esslöffel Wasser
1 Esslöffel Zitronensaft

Garnitur:
250 g Himbeeren

1 Die Gelatine in reichlich kaltem Wasser einweichen.
2 Eigelbe, Puderzucker und Zitronensaft zu einer hellen, dicklichen Creme aufschlagen. Dann den Cassislikör unter die Creme rühren.
3 Die Gelatine tropfnass in ein Pfännchen geben und bei milder Hitze auflösen. Vom Feuer nehmen. Einige Löffel Cassiscreme unterrühren. Diese Mischung zur restlichen Creme rühren. Den Champagner unter Schlagen dazugiessen. Die Creme 20–30 Minuten in den Kühlschrank stellen, bis sie dem Rand entlang zu gelieren beginnt.
4 Inzwischen den Rahm sehr steif schlagen. Mit dem Schwingbesen locker unter die Creme rühren. Die Mousse mindestens 3 Stunden kühl stellen.
5 Für die Sauce die Himbeeren verlesen und mit Puderzucker, Wasser und Zitronensaft pürieren. Durch ein Sieb streichen, um die Kerne zu entfernen. Bis zum Servieren kühl stellen.
6 Zum Servieren etwas Himbeersauce auf Teller geben Die Mousse mit Löffeln abstechen und darauf anrichten. Mit Himbeeren garnieren.

Tipp
Dekorativ sieht es aus, wenn man die Mousse in einen Spritzsack mit grosser Sterntülle füllt und als Rosette auf die Himbeersauce spritzt.

Wenn man für weniger/mehr Gäste kocht
Die Rezeptmenge kann ohne Einschränkung halbiert oder vervielfacht werden.

Was man vorbereiten kann
Das Dessert lässt sich bereits am Vorabend zubereiten.

Südlich inspiriert

Menü 5

Zum Auftakt:
«Stroh und Heu» an Zitronensauce

Das Hauptgericht:
Lauwarmes Schweinsfilet an leichter Thonsauce
Express-Quarkbrötchen

Zum Dessert:
Portweinparfait mit Melonenkompott

«Stroh und Heu» an Zitronensauce

«Paglia e Fieno» – Stroh und Heu – heisst dieses klassische Teigwarengericht aus der Toskana, weil es aus einer Kombination von hellen («Stroh») und grünen («Heu») Eierteigwaren besteht. Verwendet werden dazu sehr dünne Bandnudeln, Tagliatelle, Taglierini oder Tagliolini genannt. Begleitet wird die Spezialität, die es auch fertig gemischt zu kaufen gibt, immer von einer cremigen Sauce – in diesem Fall von einer zarten Zitronensauce mit frischer Salbei. Die Dosierung des Zitronensaftes ist Geschmackssache: Die einen mögen die Sauce säuerlicher, die anderen lieblicher. Deshalb gilt: Zunächst eher weniger als mehr Zitronensaft beifügen – nachgiessen kann man immer noch.

Für 4 Personen als Vorspeise

4–6 Salbeiblätter
1 Esslöffel Butter
3–4 Esslöffel Zitronensaft
200 ml Rahm
Salz, schwarzer Pfeffer aus der Mühle
300 g schmale Nudeln, weisse und grüne gemischt
50 g frisch geriebener Parmesan oder Sbrinz

1 Reichlich Salzwasser für die Teigwaren aufkochen.
2 Die Salbeiblätter in feine Streifchen schneiden.
3 In einem Topf die Butter schmelzen. Die Salbei darin kurz dünsten. Den Zitronensaft beifügen und aufkochen. Den Rahm dazugiessen und unter Rühren aufkochen. Die Sauce mit Salz und reichlich frisch gemahlenem Pfeffer aus der Mühle würzen. Warm halten.
4 Die Teigwaren ins kochende Salzwasser geben und bissfest, das heisst knapp weich kochen. Je dünner die Teigwaren sind, desto schneller geht dies (5–8 Minuten). Abschütten und zur Sauce geben. Den Käse beifügen und alles gründlich mischen. Die Teigwaren in vorgewärmten tiefen Tellern anrichten und sofort servieren.

Tipp
Nach Belieben kann man die grünen und weissen Teigwaren separat kochen, mit je der Hälfte der Sauce mischen und wie auf dem Foto anrichten.

Wenn man für weniger/mehr Gäste kocht
Die Rezeptmenge kann ohne Einschränkung halbiert oder vervielfacht werden.

Was man vorbereiten kann
Das Gericht kann kurz vor dem Eintreffen der Gäste bis und mit Punkt 3 zubereitet werden. Das Kochwasser für die Teigwaren vor dem Siedepunkt halten.

Lauwarmes Schweinsfilet an leichter Thonsauce

Eine zarte Sauce aus Thon (Thunfisch), etwas Gemüse, Wein, Mayonnaise und Crème fraîche begleitet ein Schweinsfilet, das in Gemüsesud langsam gegart wurde und zum Servieren dünn aufgeschnitten und attraktiv garniert wird. Das Gericht kann sehr gut auch mit Pouletbrüstchen oder einem Kalbsfilet zubereitet werden; letzteres hat allerdings eine etwas längere Garzeit (je nach Dicke 25–30 Minuten).

Für 4 Personen

Sauce:
1 kleine Karotte
1 kleine Zwiebel
1 Knoblauchzehe
2 Esslöffel Olivenöl
75 g Thon (Thunfisch), abgetropft
50 ml Noilly Prat (trockener Wermut)
50 ml Weisswein
1 Lorbeerblatt
2–3 Esslöffel Mayonnaise
2–3 Esslöffel Crème fraîche oder saurer Halbrahm
1/4 Teelöffel Senf
1 Messerspitze Paprikapulver
Salz, schwarzer Pfeffer aus der Mühle
einige Tropfen Zitronensaft

Fleisch:
1 Karotte
1 kleines Stück Sellerie
1 Zwiebel
2 Nelken
1 Lorbeerblatt
1/4 l Weisswein
1 l Fleischbouillon
1 grosses Schweinsfilet, ca. 450 g

Garnitur:
8–10 Cherrytomaten
50 g Kresse oder Rucola
2 Esslöffel Kapern

1 Für die Sauce Karotte, Zwiebel und Knoblauch schälen und klein würfeln.
2 In einem kleinen Topf das Olivenöl erhitzen. Karotte, Zwiebel und Knoblauch darin andünsten. Den Thon in Stücke zupfen und beifügen. Mit dem Noilly Prat und dem Weisswein ablöschen. Das Lorbeerblatt beifügen. Alles zugedeckt 10 Minuten leise kochen lassen.
3 Das Lorbeerblatt entfernen. Die Saucenzutaten im Mixer oder mit dem Stabmixer fein pürieren und wenn nötig durch ein Sieb streichen. Etwas abkühlen lassen.
4 Mayonnaise und Crème fraîche unter die Sauce rühren und diese mit Senf, Paprika, Salz, Pfeffer und Zitronensaft abschmecken.
5 Für das Fleisch Karotte und Sellerie schälen und würfeln. Die Zwiebel schälen, halbieren und mit den Nelken und dem Lorbeerblatt bestecken. Mit dem Weisswein und der Bouillon in einen Topf geben, aufkochen, dann zugedeckt 15 Minuten leise kochen lassen.
6 Das Schweinsfilet hineingeben – den Sud nicht mehr aufkochen lassen – und zugedeckt je nach Dicke 20–25 Minuten gar ziehen lassen. Herausheben, in doppelt gefaltete Alufolie wickeln und bis vor dem Anrichten darin lassen, jedoch nicht in den Kühlschrank stellen.
7 Für die Garnitur die Tomaten je nach Grösse halbieren oder vierteln. Leicht salzen und pfeffern. Kresse oder Rucola waschen und gut abtropfen lassen.
8 Zum Servieren das Schweinsfilet in dünne Scheiben aufschneiden, mit Kresse oder Rucola auf einer Platte anrichten, mit Sauce um- und leicht übergiessen und mit den Tomaten sowie den Kapern garnieren.

Wenn man für weniger/mehr Gäste kocht
- Für 2–3 Gäste: Sauce in rezeptierter Menge zubereiten, ebenso den Sud für das Fleisch. Restliche Zutaten nach Belieben halbieren oder um einen Drittel reduzieren.
- Mehr Gäste: Die Rezeptzutaten mit Ausnahme des Fleischsuds in der gewünschten Menge vervielfachen; für den Sud braucht man jedoch auch bei doppelter oder noch grösserer Zutatenmenge nur etwa das Anderthalbfache der rezeptierten Zutaten.

Was man vorbereiten kann
- Die Sauce (Punkt 1–4) kann 1 Tag im Voraus zubereitet werden. Rechtzeitig aus dem Kühlschrank nehmen, damit sie Zimmertemperatur annehmen kann.
- Das Fleisch und die Zutaten für die Garnitur können 1 Stunde vor Eintreffen der Gäste zubereitet werden. Das Fleisch nie in den Kühlschrank geben, sonst verliert es sein feines Aroma.

Express-Quarkbrötchen

Halbweissmehl, eine Hand voll Schrot, Quark, Milch und Schnittlauch sind die wichtigsten Zutaten für diese Brötchen, deren Zubereitung gerade mal

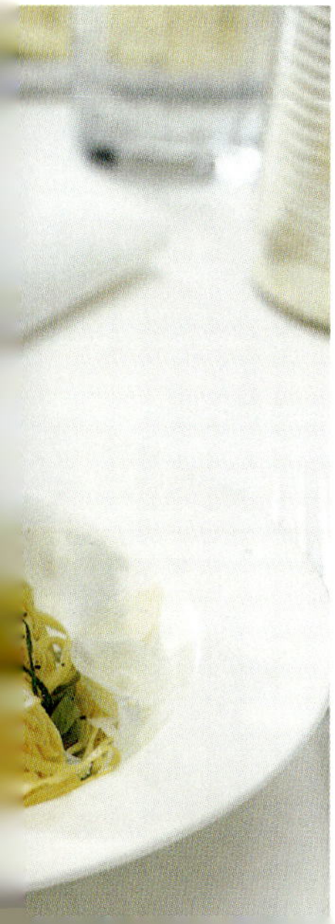

Oben lauwarmes Schweinsfilet an leichter Thonsauce, links «Stroh und Heu» an Zitronensauce

eine halbe Stunde dauert. Am besten schmecken sie möglichst frisch, da Brot, das mit Backpulver zubereitet wird, schnell alt wird. Die Brötchen passen übrigens auch zu vielen Vorspeisen in diesem Buch.

Ergibt 8 Stück

250 g Halbweissmehl
1 Päckchen Backpulver
50 g Kruska- oder Weizenschrot
1 Teelöffel Salz
250 g Magerquark
2 Esslöffel Crème fraîche
150 ml Milch
1 Bund Schnittlauch
2 Esslöffel Rahm
2–3 Esslöffel Kruska- oder Weizenschrot zum Bestreuen

1 Mehl, Backpulver, Weizenschrot und Salz in eine Schüssel geben und gut mischen. Quark, Crème fraîche und Milch beifügen. Den Schnittlauch mit einer Schere dazuschneiden. Alles zu einem glatten, elastischen Teig kneten.
2 Den Teig auf wenig Mehl zu einer etwa 5 cm dicken Rolle formen. Mit einem scharfen Messer in 8 Stücke teilen. Zu Kugeln formen und mit etwas Abstand voneinander auf ein mit Backpapier belegtes Blech setzen. Mit dem

Rahm bestreichen und mit dem Weizenschrot bestreuen.

3 Die Brötchen im auf 200 Grad vorgeheizten Ofen auf der zweituntersten Rille etwa 25 Minuten backen.

Wenn man für weniger/mehr Gäste kocht
Die Rezeptmenge kann ohne Einschränkung halbiert oder vervielfacht werden.

Was man vorbereiten kann
Die Brötchen können 1–2 Stunden vor dem Eintreffen der Gäste zubereitet werden. Nach Belieben unmittelbar vor dem Servieren im 200 Grad heissen Ofen nochmals 4–5 Minuten wärmen.

Portweinparfait mit Melonenkompott

Portweinparfait mit Melonenkompott

Roter Portwein, sogenannter Ruby Port, verleiht dieser zarten Eisspezialität ein besonderes Aroma. Dazu passt besonders gut ein Kompott aus Melonen. Es kann auch durch ein Pfirsichkompott ersetzt werden: Dazu die Pfirsiche schälen, in Schnitze schneiden und in einem Sud aus Weisswein, etwas Portwein und Zucker kurz ziehen, dann abkühlen lassen.

Ergibt 4–6 Portionen, je nach Grösse der Formen

Parfait:
5 Eigelb
75 g Zucker
1 Päckchen Bourbon-Vanillezucker
100 ml roter Portwein
100 ml Rahm

Kompott:
1 reife Melone mit orangefarbenem Fleisch
2–3 Esslöffel roter Portwein
2 Esslöffel Zitronensaft
1 gehäufter Esslöffel Zucker

Garnitur:
100 g Himbeeren
nach Belieben einige Pfefferminzblättchen

1 Für das Parfait Eigelbe, Zucker, Vanillezucker und Portwein in eine Schüssel geben und über einem heissen Wasserbad zu einer dicklichen Creme aufschlagen. Dann die Schüssel sofort in eiskaltes Wasser stellen und die Creme so lange weiterschlagen, bis sie erkaltet ist.

2 Den Rahm steif schlagen und unter die Creme ziehen.

3 Soufflé-Portionenformen, kleine Tassen oder eine kleine Cakeform mit Klarsichtfolie auslegen; am besten geht dies, wenn man die Folie auf der einen Seite mit Wasser benetzt. Die Portweincreme einfüllen und mindestens 3–4 Stunden gefrieren lassen.

4 Die Melone halbieren, die Kerne und Fäden herauskratzen. Mit einem Kugelausstecher kleine Kugeln aus dem Fruchtfleisch stechen. Das restliche Fruchtfleisch mit dem Portwein, dem Zitronensaft und dem Zucker im Mixer oder mit dem Stabmixer fein pürieren. Die Melonenkugeln beifügen. Das Kompott kalt stellen.

5 Zum Servieren das Portweinparfait aus der Form stürzen (kleine Formen direkt auf Teller, Cakeform nach dem Stürzen in Scheiben schneiden), mit dem Melonenkompott anrichten und mit Himbeeren sowie nach Belieben Pfefferminze garnieren.

Wenn man für weniger/mehr Gäste kocht
Die Rezeptmenge kann ohne Einschränkung halbiert oder vervielfacht werden.

Was man vorbereiten kann

- Das Portweinparfait kann bis zu einer halben Woche im Voraus zubereitet werden; im Tiefkühler nach dem Einfrieren gut in Alufolie verpacken, damit es keinen Fremdgeschmack annimmt. Vor dem Servieren rechtzeitig aus dem Tiefkühler nehmen und im Kühlschrank leicht antauen lassen.
- Das Melonenkompott lässt sich bereits am Vortag zubereiten; ebenfalls gut zudecken und kühl stellen.

Menü 6

Zum Auftakt:
Geröstete Zucchettifächer und Tomaten an Peperoni-Vinaigrette

Das Hauptgericht:
Gefüllte Kräuterkalbsbrust mit Gemüse und Kartoffeln

Zum Dessert:
Stracciatella-Mousse

Geröstete Zucchettifächer und Tomaten an Peperoni-Vinaigrette

Durch das langsame Backen im Ofen erhalten Zucchetti und Tomaten ein intensives Eigenaroma. Serviert werden sie an einer Olivenölsauce mit gelben Peperoniwürfelchen – Mittelmeerküche pur!

Für 4–6 Personen

2–3 Peperoni (Paprika), je nach Grösse
4–6 grosse Tomaten
Salz, schwarzer Pfeffer aus der Mühle
4–6 kleinere Zucchetti
ca. 50 ml Kalbsfond oder Hühnerbouillon
2–3 Knoblauchzehen
1 Bund Basilikum
100 ml kaltgepresstes Olivenöl
2 Esslöffel Balsamicoessig

1 Den Backofen auf 220 Grad vorheizen. Die Peperoni auf ein Blech geben und in der Mitte des Ofens 10–15 Minuten rösten, bis die Haut am Stielansatz leicht einreisst und sich an manchen Stellen als kleine Flecken zu blähen beginnt; die Peperoni zwei- bis dreimal wenden. Herausnehmen und in ein Frischhaltegefäss oder einen Topf legen und mit einem Deckel möglichst luftdicht verschliessen. 10 Minuten ruhen lassen.

2 Inzwischen die Tomaten kurz in kochendes Wasser tauchen, herausnehmen, kalt abschrecken und die Haut abziehen. Die Tomaten halbieren. Mit der Schnittfläche nach oben nebeneinander in eine Gratinform setzen. Mit Salz und Pfeffer würzen.

3 Den Stielansatz der Zucchetti wegschneiden. Dann die Früchte der Länge nach fächerartig so aufschneiden, dass sie am oberen Ende noch zusammenhalten. Leicht aufgefächert neben die Tomaten in die Gratinform legen. Mit dem Fond oder der Bouillon beträufeln.

4 Die Knoblauchzehen schälen und sehr fein hacken. Über die Tomaten verteilen. 8–12 Basilikumblätter durch das Olivenöl ziehen und auf die Tomaten legen. Die Tomaten und Zucchetti grosszügig mit dem restlichen Olivenöl beträufeln.

5 Die Ofentemperatur auf 200 Grad reduzieren. Die Tomaten und Zucchetti in der Mitte des Ofens etwa 30 Minuten backen. Herausnehmen und das Gemüse auf einer Platte dekorativ anrichten.

6 Den entstandenen Jus in ein Schüsselchen abgiessen und mit dem Balsamicoessig mischen. Mit Salz und Pfeffer würzen.

7 Die Peperoni häuten, halbieren und entkernen. In kleinste Würfelchen schneiden. Das Basilikum fein hacken und zusammen mit den Peperoniwürfelchen zur Sauce geben. Über das Gemüse verteilen.

Wenn man für weniger/mehr Gäste kocht
Die Rezeptmenge kann ohne Einschränkung halbiert oder vervielfacht werden.

Was man vorbereiten kann
Das Gericht kann ½ Tag im Voraus zubereitet werden. Mit Klarsichtfolie bedecken, doch nicht im Kühlschrank aufbewahren, da die Zutaten sonst an Aroma verlieren.

Gefüllte Kräuterkalbsbrust

Kalbsbrust gehört zu jenen Fleischstücken, die man dank variationsreichen Füllungen immer wieder anders auf den Tisch bringen kann. In diesem Rezept sind es Rohschinken und eine Brätmasse mit eingelegtem grünem Pfeffer. Gleichzeitig gart man Frühlingszwiebeln und kleine Kartoffeln mit, so dass es zu diesem unkomplizierten Gericht keine weiteren Beilagen braucht.

Für 6 Personen

1,2–1,5 kg Kalbsbrust, vom Metzger zum Füllen aufgeschnitten
100 g Rohschinkenscheiben
2 Schalotten
1 Esslöffel Butter
2 Bund glattblättrige Petersilie
1 Esslöffel eingelegter grüner Pfeffer
200 g Kalbsbrät
1 Esslöffel Senf
Salz, schwarzer Pfeffer aus der Mühle
50 ml Olivenöl
3 Bund kleine Frühlingszwiebeln
500 g kleine Frühkartoffeln
¼ l Weisswein
3–4 Zweige Rosmarin
ca. ¼ l Bouillon

1 Den Backofen auf 220 Grad vorheizen.
2 Die Kalbsbrust mit der Innenseite nach oben auf die Arbeitsfläche legen. Mit den Rohschinkenscheiben belegen.
3. Die Schalotten schälen und sehr fein hacken. In der Butter kurz hellgelb dünsten.
4 Die Petersilie fein hacken. Den grünen Pfeffer unter warmem Wasser spülen. Mit einer Gabel grob zerdrücken. Peter-

silie und Pfeffer zusammen mit den Schalotten zum Kalbsbrät geben und alles mischen. Auf der mit Rohschinken belegten Kalbsbrust ausstreichen. Das Bratenstück satt aufrollen und mit Küchensschnur binden.

5 Die Kalbsbrust mit Senf einreiben und mit Salz sowie Pfeffer würzen. In einen Bräter legen. Das Olivenöl erhitzen und über den Braten träufeln. Sofort auf die unterste Rille des vorgeheizten Ofens geben und bei 220 Grad 15 Minuten anbraten.

6 Inzwischen die Frühlingszwiebeln rüsten; den oberen Teil der Röhrchen zurückschneiden; grössere Zwiebeln der Länge nach halbieren. Die Kartoffeln mit der Schale waschen.

7 Nach 15 Minuten Bratzeit Zwiebeln, Kartoffeln und Rosmarinzweige um den Braten herum legen. Den Weisswein dazugiessen. In den Ofen zurück geben

Links geröstete Zucchettifächer und Tomaten an Peperoni-Vinaigrette, oben gefüllte Kräuterkalbsbrust mit Gemüse und Kartoffeln

und die Hitze auf 180 Grad reduzieren. Alles im offenen Bräter 1 Stunde schmoren lassen. Von Zeit zu Zeit etwas Jus über die Kartoffeln und den Braten träufeln.

8 Nun die Hitze auf 150 Grad senken. Die Bouillon sprudelnd aufkochen, dazugiessen und die Kalbsbrust weitere 45 Minuten garen lassen.

9 Die Kalbsbrust in dünne Tranchen aufschneiden und mit den Kartoffeln, Zwiebeln sowie etwas Jus auf vorgewärmten Tellern anrichten.

Wenn man für weniger/mehr Gäste kocht

- Die Kalbsbrust kann nicht in kleineren Mengen zubereitet werden, da sie mit weniger Fleisch nicht mehr richtig gerollt werden kann. Sie schmeckt auch sehr gut kalt aufgeschnitten und hält sich im Kühlschrank 5–6 Tage.
- Je nach Appetit Ihrer Gäste reicht eine grosse Kalbsbrust für bis zu 8 Personen. In diesem Fall etwas mehr Kartoffeln mitbraten. Ab 10 Gästen zwei Bratenstücke zubereiten.

Was man vorbereiten kann

Die Kalbsbrust kann bis und mit Punkt 4 bereits am Vorabend vorbereitet werden und muss kurz vor Eintreffen der Gäste nur noch in den Ofen geschoben werden. Frühlingszwiebeln und Kartoffeln erst zu diesem Zeitpunkt bereitstellen.

Stracciatella-Mousse

Stracciatella-Mousse

Diese Mousse aus weisser Schokolade, Mascarpone und Rahm ist durchsetzt mit dunklen Schokoladesplittern – eine attraktive Kombination für Auge und Gaumen.

Ergibt 6 Portionen

200 g weisse Schokolade
2 Blatt Gelatine
2 Eigelb
2–3 Esslöffel Rahm für die Creme
100 g Edelbitterschokolade
150 g Mascarpone
200 ml Rahm

1 Die weisse Schokolade zerbröckeln, in eine Schüssel geben und in einem heissen Wasserbad ohne Rühren langsam schmelzen lassen.

2 Inzwischen die Gelatine in kaltem Wasser einweichen.

3 Die Eigelbe mit dem Rahm verquirlen. Wenn die Schokolade weich ist, unterrühren. Erst jetzt die Schüssel aus dem Wasserbad nehmen.

4 Die eingeweichte Gelatine tropfnass in ein Pfännchen geben und schmelzen lassen. In der noch warmen Schokoladecreme auflösen. Abkühlen lassen.

5 Inzwischen die Edelbitterschokolade zerbröckeln und mittelfein hacken.

6 Den Mascarpone unter die Schokoladecreme rühren. Den Rahm steif schlagen und unterheben. Zuletzt die gehackte Edelbitterschokolade untermischen. Die Mousse mindestens 3 Stunden kühl stellen.

7 Zum Servieren Nocken von der Mousse abstechen. Nach Belieben auf einem Spiegel von Mokkalikör anrichten (siehe Foto) oder mit Orangenfilets garnieren. Auch eine Himbeersauce passt dazu.

Wenn man für weniger/mehr Gäste kocht

Die Rezeptmenge kann ohne Einschränkung halbiert oder vervielfacht werden.

Was man vorbereiten kann

Die Stracciatella-Mousse kann bereits am Vorabend fertig zubereitet werden und hält sich im Kühlschrank etwa 2 Tage. Gut zudecken, damit sie keinen Fremdgeschmack annimmt.

Menü 7

Zum Auftakt:
Rucola-Melonen-Salat mit Parmesan

Das Hauptgericht:
Poulet-Bouillabaisse mit Rouille

Zum Dessert:
Cassisfeigen

Rucola-Melonen-Salat mit Parmesan

Rucola, dieses leicht pfeffrig schmeckende Salatkraut, ist typisch für die italienische und südfranzösische Küche. Seit einigen Jahren gehört es auch bei uns zu den beliebtesten Salatspezialitäten. Hier wird es mit zwei anderen typischen Zutaten der Mittelmeerküche kombiniert, Melone und Parmesan. Letzterer kann auch durch anderen Käse, zum Beispiel hauchfein gehobelte Scheibchen Greyerzer oder in kleine Stückchen gebrochenen Stilton, ersetzt werden.

Für 4 Personen

125 g Rucola
½ Melone
50 g Parmesan am Stück
3 Esslöffel Balsamicoessig
Salz, schwarzer Pfeffer aus der Mühle
6 Esslöffel Olivenöl

1 Den Rucola waschen und sehr gut abtropfen lassen. Je nach Grösse der Blätter eventuell in breite Streifen schneiden.
2 Die Melone entkernen, in gut 2 cm dicke Schnitze schneiden, diese von der Schale, dann in Dreiecke schneiden.
3 Den Parmesan mit dem Sparschäler oder Gemüsehobel in hauchdünne Scheiben schneiden.
4 Den Balsamicoessig, Salz, Pfeffer sowie das Olivenöl zu einer Sauce rühren.
5 Unmittelbar vor dem Servieren den Rucola kurz mit der Sauce mischen. In tiefen Tellern anrichten. Die Melonenstücke und den Käse darüber verteilen. Mit grob gemahlenem schwarzem Pfeffer aus der Mühle bestreuen.

Wenn man für weniger/mehr Gäste kocht
Die Rezeptmenge kann ohne Einschränkung halbiert oder vervielfacht werden.

Was man vorbereiten kann
Der Salat kann bis und mit Punkt 4 im Voraus zubereitet werden. Salat in einem Frischhaltebeutel im Gemüsefach des Kühlschranks aufbewahren. Käse und Melone mit Klarsichtfolie bedecken und ebenfalls kühl stellen.

Poulet-Bouillabaise mit Rouille

Die ursprüngliche Bouillabaisse ist die wohl bekannteste Fischsuppe der Provence. Doch es muss nicht immer Fisch sein: Sie schmeckt auch ausgezeichnet mit Pouletbrüstchen zubereitet, wie dieses Rezept zeigt. Dazu serviert man eine Rouille, die typische Knoblauchsauce, die auf geröstete Weissbrotscheiben gestrichen wird.

Für 4 Personen

4 Karotten
½ Knollensellerie
4 kleine Fenchelknollen
1 grosse Stange Lauch
1 grosse Zwiebel
8 Knoblauchzehen
4 Esslöffel Olivenöl
¼ l Weisswein
100 ml Noilly Prat (trockener Wermut)
¾ l Hühnerbouillon
nach Belieben einige Safranfäden
2 Briefchen Safranpulver
4 feste Tomaten
Salz, Pfeffer

Rucola-Melonen-Salat mit Parmesan

1 Bund glattblättrige Petersilie
4–8 Pouletbrüstchen, je nach Grösse

Rouille:
1 Kartoffel
1–1½ Peperoncini
4 Knoblauchzehen
½ Briefchen Safran
1 Eigelb
⅛ l Öl
Salz, Pfeffer

1 Pariserbrot
Butter zum Rösten

1 Karotten und Sellerie schälen und in Stängelchen schneiden. Den Fenchel rüsten und vierteln. Den Lauch rüsten und in feine Ringe schneiden. Die Zwiebel schälen, halbieren und in Streifen schneiden. Den Knoblauch schälen und in Scheiben schneiden.
2 Das Olivenöl erhitzen. Alle vorbereiteten Gemüse, Zwiebel und Knoblauch darin andünsten. Mit der Bouillon ablöschen. Weisswein, Noilly Prat, Safranfäden und Safranpulver beifügen. Aufkochen und zugedeckt auf kleinem Feuer 15 Minuten kochen lassen.
3 Inzwischen die Tomaten kurz in kochendes Wasser tauchen, kalt abschrecken, schälen und in Viertel schneiden. Mit Salz und Pfeffer leicht würzen. Die Petersilie fein hacken.
4 Die Pouletbrüstchen in die Suppe legen und zugedeckt knapp unter dem Siedepunkt 12–15 Minuten gar ziehen lassen.
5 Gegen Schluss der Garzeit die Tomaten und die Petersilie dazugeben und nur noch gut heiss werden lassen. Die Suppe mit Salz und Pfeffer abschmecken.
6 Für die Rouille die Kartoffel in der Schale weich kochen. Die Pfefferschote längs halbieren, entkernen und fein schneiden. Den Knoblauch schälen und fein hacken.
7 Die noch warme Kartoffel schälen und mit der Pfefferschote, dem Knoblauch, dem Safran und dem Eigelb mit einer Gabel zerdrücken oder mit dem Stabmixer pürieren. Dann nach und nach – wie bei einer Mayonnaise – unter fortgesetztem Mixen das Öl in dünnem Faden darunter schlagen. Wenn nötig die Sauce mit einigen Löffeln Bouillon von der Bouillabaisse verdünnen. Würzen.
8 Zum Servieren Pariserbrot in Scheiben schneiden und golden rösten. Mit der Rouille separat zur Suppe servieren.

Wenn man für weniger/mehr Gäste kocht
- Für 2–3 Personen: Die Suppenzutaten entsprechend der Gästezahl verringern; die Rouille hingegen kann nicht in kleinerer Menge als rezeptiert zubereitet werden.
- Mehr Gäste: Die Gemüse- und Fleischzutaten entsprechend der Gästezahl vervielfachen; vom Sud (Weisswein, Noilly Prat, Bouillon) hingegen wird nur die anderthalbfache bzw. doppelte Menge benötigt. Die doppelte Menge Rouille reicht für 10–12 Personen.

Was man vorbereiten kann
- Die Suppe bis und mit Punkt 3 2–3 Stunden im Voraus zubereiten. Neben die Herdplatte, nicht in den Kühlschrank stellen.
- Die Rouille (Punkt 6–7) ebenfalls 2–3 Stunden im Voraus zubereiten und zugedeckt im Gemüsefach des Kühlschranks aufbewahren.

Poulet-Bouillabaisse mit Rouille

Cassis-Feigen

Cassis-Feigen

Ein typisches Sommer- und Herbstdessert: Frische blaue oder grüne Feigen lässt man in einem Sud von Cassis und Weisswein gar ziehen und serviert sie dann mit flüssig gerührter Crème fraîche. Auf die gleiche Weise können auch dick geschnittene Pfirsichschnitze, Zwetschgen- oder Pflaumenhälften zubereitet werden.

Für 4 Personen

8–10 frische Feigen
150 ml Cassislikör
¼ l Weisswein
1 kleine Zimtstange
2 Nelken
2–3 Esslöffel Zitronensaft
200 ml Crème fraîche
2 Teelöffel hausgemachter Zitronenzucker (siehe Tipp) oder 1 Päckchen Bourbon-Vanillezucker

1 Die Feigen mit einem feuchten Küchenpapier abreiben. Die Früchte halbieren.
2 Cassislikör, Weisswein, Zimtstange und Nelken in einem Topf aufkochen und 2–3 Minuten kochen lassen.
3 Die Feigen mit der Schnittfläche nach oben in den Sud legen und zugedeckt etwa 5 Minuten leise kochen lassen. Mit einer Schaumkelle herausheben.
4 Den Sud auf grossem Feuer etwa zur Hälfte einkochen. Mit dem Zitronensaft abschmecken. Zimtstange und Nelken entfernen. Den Sud über die Feigen geben. Auskühlen lassen.
5 Die Crème fraîche mit dem Zitronen- oder Vanillezucker verrühren.
6 Die Feigen auf Desserttellern anrichten und mit etwas Sud sowie Crème fraîche umgiessen.

Tipp

Von Zitronen, von denen nur der Saft verwendet wird, kann man köstlichen Zitronenzucker auf Vorrat zubereiten: Dazu 250 g Zucker mit der abgeriebenen gelben Schale von 4 Zitronen vermischen. Wichtig: Die Raffel nach dem Reiben ebenfalls im Zucker wenden, damit die an der Reibe verbliebenen Aromastoffe nicht verloren gehen. Den Zucker und die Zitronenschale mit einer Gabel gut durchmischen, in ein Konfitürenglas füllen und gut verschlossen im Kühlschrank aufbewahren.

Wenn man für weniger/mehr Gäste kocht
Die Rezeptmenge kann ohne Einschränkung halbiert oder vervielfacht werden.

Was man vorbereiten kann
Dass Dessert kann bis und mit Punkt 4 bereits am Vorabend zubereitet werden.

Menü 8

Zum Auftakt:
Zweifarbiger Chicoréesalat mit Geisskäsetoast

Das Hauptgericht:
Rindsragout an Balsamicosauce
Maiskroketten mit Mandeln

Zum Dessert:
Ricottaschiffchen mit Aprikosen-Confit

Zweifarbiger Chicoréesalat mit Geisskäsetoast

Eine Sauce mit fein gehackten Oliven begleitet nicht nur diesen eher winterlichen Salat, sondern dient auch als Marinade für die überbackenen Brötchen mit würzigem Geisskäse. Für den Salat eignen sich auch andere Blattsalate, wie zum Beispiel Frisée- oder Nüsslisalat. Wer Geisskäse nicht mag, verwendet Doppelrahm-Frischkäse mit Pfeffer.

Für 4 Personen

2 Köpfe weisser Chicorée
1 grosser Kopf roter Chicorée
1 Hand voll Garten- oder Brunnenkresse oder Portulak
12 grüne Oliven
1 Teelöffel Dijon-Senf
2 Esslöffel Himbeer- oder Rotweinessig
Salz, schwarzer Pfeffer aus der Mühle
6 Esslöffel Olivenöl
4 Scheiben Geisskäse, je ca. 1 ½ cm dick geschnitten
4 Scheiben Pariserbrot

1 Vom weissen Chicorée den Strunk entfernen und den Salat in mundgerechte Stücke oder nach Belieben auch in feine Streifen schneiden. Die Blätter des roten Chicorées auslösen, waschen, gut abtropfen lassen, dann ebenfalls in mundgerechte Stücke oder feine Streifen schneiden. Die Kresse oder den Portulak waschen und sehr gut abtropfen lassen.

2 Die Oliven wenn nötig entsteinen und fein hacken.

3 Senf, Essig, Salz und Pfeffer verrühren. Das Olivenöl mit dem Schwingbesen langsam unterrühren.

4 Den Grill gut 5 Minuten auf 250 Grad vorheizen.

5 Die Brotscheiben mit etwas Sauce bestreichen und auf ein Backblech legen. Die Oliven auf dem Brot verteilen und mit je einer Käsescheibe belegen. Wiederum etwas Sauce auf den Käse streichen.

6 Die Käsetoasts in der Mitte des vorgeheizten Ofens so lange backen, bis der Käse schmilzt und sich braune Flecken bilden (3–5 Minuten).

7 Inzwischen den Chicorée mit der restlichen Sauce mischen. Auf Tellern anrichten und mit der Kresse oder dem Portulak garnieren. Die gebackenen Toasts auf den Salat setzen und sofort servieren.

Wenn man für weniger/mehr Gäste kocht
Die Rezeptmenge kann ohne Einschränkung halbiert oder vervielfacht werden.

Was man vorbereiten kann

- Der Salat kann bis und mit Punkt 3 vorbereitet werden. In diesem Fall die Chicoréeblätter jedoch in etwas Zitronenwasser legen, bevor man sie schneidet und unbedingt in einem Gefrierbeutel möglichst luftdicht und kühl aufbewahren, damit sie sich nicht verfärben.
- 15 Minuten vor dem Essen den Grill vorheizen und den Salat nach Rezept fertig stellen.

Zweifarbiger Chicoréesalat mit Geisskäsetoast

Rindsragout an Balsamicosauce

Der leicht süssliche italienische Balsamicoessig verleiht Saucen eine köstliche Würze, wie zum Beispiel bei diesem raffinierten Rindsragout, das zusammen mit Saucenzwiebelchen und Karotten geschmort wird. Verwendet man einen anderen Essig als Balsamico, muss dieser äusserst zurückhaltend dosiert – nur etwa ein Drittel oder ein Viertel der rezeptierten Menge – und der Säuregehalt mit einer Prise Zucker zurückgebunden werden.

Für 4 Personen

250 g Saucenzwiebelchen
300 g Karotten
800 g–1 kg Rindsragout
Salz, schwarzer Pfeffer aus der Mühle
3–4 Esslöffel Olivenöl
100 ml Balsamicoessig
3 Esslöffel Tomatenpüree
1/2 l Fleischbouillon
3–4 Zweige Rosmarin
100 ml Marsala
100 ml Rotwein

1 Reichlich Wasser aufkochen. Die Saucenzwiebelchen hineingeben und 1 Minute blanchieren. Abschütten und kalt abschrecken. Den Wurzelansatz der Zwiebeln abschneiden und die Zwiebelchen aus der Schale drücken.

2 Die Karotten schälen und schräg in dicke Scheiben schneiden.

3 Das Fleisch mit Salz und Pfeffer würzen. In einem Bräter das Olivenöl erhitzen. Das Ragout darin in 2–3 Portionen anbraten. Herausnehmen.

4 Wenn nötig etwas Olivenöl zum Bratensatz geben. Die Zwiebelchen und Karotten darin andünsten. Mit dem Balsamicoessig ablöschen und diesen leicht einkochen lassen. Das Tomatenpüree dazurühren und das Fleisch wieder beifügen. Die Bouillon dazugiessen und die Rosmarinzweige in die Flüssigkeit legen. Das Ragout zugedeckt je nach Qualität und Grösse der Fleischwürfel 2½–3 Stunden weich schmoren.

5 Inzwischen den Marsala und den Rotwein in einem kleinen Pfännchen gut zur Hälfte einkochen lassen. Gegen Ende der Kochzeit zum Ragout geben. Am Schluss wenn nötig nachwürzen.

Rindsragout
an Balsamicosauce

Wenn man für weniger/mehr Gäste kocht

- Für 2–3 Personen: Alle Zutaten halbieren; beim Schmoren falls nötig noch etwas Bouillon nachgiessen.
- Mehr Gäste: Die Rezeptzutaten mit Ausnahme der Flüssigkeiten (Bouillon, Marsala, Rotwein) entsprechend der Gästezahl vervielfachen. Von der Flüssigkeit hingegen braucht man auch bei Verdoppelung oder noch grösserer Menge nur etwa das Anderthalbfache der rezeptierten Mengen.

Was man vorbereiten kann

Das Ragout 2–3 Stunden vor Eintreffen der Gäste fertig stellen. Neben der Herdplatte zugedeckt stehen lassen; auf keinen Fall in den Kühlschrank geben! Das Ragout 15 Minuten vor dem Servieren nochmals aufkochen und 5–10 Minuten leise kochen lassen.

Maiskroketten mit Mandeln

Die in Mandelblättchen gewälzten Maiskroketten sind eine originelle Beilage zu vielen Saucengerichten.

Für 4 Personen

½ l Wasser
½ Teelöffel Salz
175 g 2-Minuten-Polenta
2 Eigelb
25 g geriebener Sbrinz
75 g Mandelblättchen
2–3 Esslöffel Bratbutter

1 Wasser und Salz aufkochen. Den Maisgriess unter Rühren einlaufen lassen. Unter Weiterrühren auf kleinem Feuer 2 Minuten ausquellen lassen. Dann vom Feuer nehmen und 5 Minuten stehen lassen. Nun die Eigelbe und den Sbrinz unterrühren und die Masse vollständig auskühlen lassen.

2 Die Mandelblättchen leicht zerbröseln. In einen Suppenteller geben.

3 Aus der Maismasse kleine Kroketten oder nach Belieben Bällchen formen und in den Mandeln wälzen.

4 Die Kroketten in reichlich heisser Butter rundum braten. Auf einer Platte im Ofen warm stellen; nicht zudecken.

Wenn man für weniger/mehr Gäste kocht

Die Rezeptmenge kann ohne Einschränkung halbiert oder vervielfacht werden.

Was man vorbereiten kann

- Bis und mit Punkt 3 können die Kroketten bereits am Vorabend zubereitet werden. Einzeln nebeneinander auf eine mit Küchenpapier belegte Platte geben, mit Klarsichtfolie bedecken und kühl stellen. Das Küchenpapier saugt allfällig entstehende Feuchtigkeit auf.
- Die Maiskroketten während der Zubereitung der Vorspeise braten und im 100 Grad heissen Ofen warm stellen.

Ricottaschiffchen mit Aprikosen-Confit

Dieses krapfenähnliche, aber luftig-leichte Gebäck wird mit Strudel- oder orientalischem Filoteig zubereitet. Beide Teigspezialitäten sind tiefgekühlt in grösseren Lebensmittelgeschäften erhältlich; der Strudelteig kann auch problemlos selber zubereitet werden. Gefüllt ist das Gebäck mit Ricotta und Dörraprikosen. Statt Ricotta kann man auch Quark verwenden; in diesem Fall jedoch muss die Füllung unbedingt vor der Weiterverarbeitung mindestens 1 Stunde kalt gestellt werden, damit sie wieder etwas dicker wird.

Für 4 Personen

Strudelteig:
250 g Mehl
1/4 Teelöffel Salz
1/8 l Wasser
2 Esslöffel Öl

Füllung:
50 g weiche Butter
1 gehäufter Esslöffel Zucker für die Creme
1 Päckchen Bourbon-Vanillezucker
150 g Ricotta
50 g Mascarpone
2 Eigelb
75 g Dörraprikosen
1 Esslöffel Aprikosenkonfitüre
1 Esslöffel Aprikosenschnaps oder weisser Rum
1 Eiweiss
2 Esslöffel Zucker für den Eischnee
40 g Speisestärke

50 g Butter
etwas Puderzucker zum Bestreuen

Aprikosen-Confit:
200 g Dörraprikosen
1/4 l Weisswein
50 g Zucker
1 Päckchen Bourbon-Vanillezucker

1 Für den Strudelteig Mehl und Salz in einer Schüssel mischen. Wasser und Öl beifügen. Alles zu einem glatten, geschmeidigen Teig kneten; wenn nötig etwas Mehl nachgeben. Zu einer Kugel formen und in der Schüssel unter einem feuchten Tuch 30 Minuten bei Zimmertemperatur ruhen lassen.
2 Inzwischen für die Füllung Butter, Zucker und Vanillezucker zu einer hellen Creme schlagen. Ricotta, Mascarpone und Eigelbe unterrühren. Kühl stellen.
3 Die Dörraprikosen klein würfeln. In einem kleinen Pfännchen die Aprikosenkonfitüre und den Schnaps oder Rum erhitzen. Die Aprikosen beifügen. Abkühlen lassen.
4 Das Eiweiss sehr schaumig schlagen, dabei nach und nach den Zucker einrieseln lassen und so lange weiterschlagen, bis eine glänzende, schneeweisse Masse entstanden ist.
5 Die Dörraprikosenmischung unter die Ricottacreme rühren. Die Speisestärke darüber sieben und unterrühren. Den Eischnee mit dem Schwingbesen sorgfältig darunter mischen.
6 Die Butter in einem Pfännchen schmelzen.
7 Den Strudelteig auf der bemehlten Arbeitsfläche zuerst mit dem Wallholz zu einem dünnen Rechteck auswallen. Dann die Hände bemehlen und mit den Handrücken nach oben unter den Teig schieben. Den Teig Abschnitt für Abschnitt mit den Handrücken hochheben und gleichmässig auseinander ziehen, bis er papierdünn ist. Die etwas dickeren Randpartien wegschneiden. Das Teigrechteck mit flüssiger Butter bestreichen und zur Hälfte übereinander schlagen. Aus dieser doppelten Teiglage 24 Schiffchen oder Rondellen ausstechen. Die Hälfte der ausgestochenen Teigformen wieder mit Butter bestreichen. Je etwas Füllung daraufgeben und mit einem zweiten Teigstück bedecken. Die Ränder mit einer Gabel leicht andrücken. Die Ricottaschiffchen (oder -rondellen) nochmals mit Butter bestreichen.
8 Die Ricottaschiffchen im auf 200 Grad vorgeheizten Ofen auf der zweituntersten Rille 15–20 Minuten golden backen. Herausnehmen und mit Puderzucker bestreuen. Lauwarm oder ausgekühlt servieren.
9 Für das Confit die Aprikosen in feine Streifen schneiden. Mit dem Weisswein, dem Zucker und dem Vanillezucker in einen Topf geben. Offen auf lebhaftem Feuer 15–20 Minuten kochen lassen; die Flüssigkeit soll dabei stark einkochen. Lauwarm oder kalt zu den Ricottaschiffchen servieren.

Wenn man für weniger/mehr Gäste kocht
Die Rezeptmenge kann ohne Einschränkung halbiert oder vervielfacht werden.

Was man vorbereiten kann
Die Schiffchen können 1/2 Tag im Voraus knapp fertig gebacken werden. Vor dem Servieren gibt man sie nochmals für 4–5 Minuten in den 180 Grad heissen Ofen; erst dann mit Puderzucker bestreuen. Das Aprikosen-Confit kann bereits am Vortag zubereitet werden; nach Belieben leicht wärmen.

Für Familien- und andere Feste

Menü 9

Zum Auftakt:
Rauchlachsroulade mit kleinem Gurkensalat

Das Hauptgericht:
Kalbskarree an Limonen-Pfeffer-Sauce
Bohnen Gärtnerinnenart
Pistazienreis

Zum Dessert:
Pfirsichglacecake

Rauchlachsroulade mit kleinem Gurkensalat

Rauchlachstranchen werden mit einer Mousse aus geräuchertem Forellenfilet, Doppelrahmfrischkäse sowie Dill gefüllt, in Scheiben geschnitten und auf einem erfrischenden Gurkensalat angerichtet. Nach Belieben serviert man Pumpernickel oder Toast dazu.

Für 8 Personen als Vorspeise

300 g geräucherte Forellenfilets
250 g Frischkäsezubereitung mit Meerrettich (Cantadou)
1 Teelöffel Zitronensaft
Pfeffer aus der Mühle
8 Rauchlachstranchen
8 Zweige Dill

Gurkensalat:
1 grosse Salatgurke
1/4 Teelöffel Meerrettichsenf
Salz, Pfeffer aus der Mühle
4 Esslöffel Distel- oder Sonnenblumenöl
2 Esslöffel Weissweinessig
2 Esslöffel Rahm
4 Zweige Dill

1 Von den geräucherten Forellenfilets allfällige Gräten entfernen. Dann den Fisch im Cutter oder mit dem Stabmixer pürieren.

2 Den Meerrettich-Frischkäse in eine Schüssel geben, das Fischpüree beifügen und alles gut mischen. Die Masse mit Zitronensaft und Pfeffer abschmecken. Kurz kühl stellen.

3 Die Dillblättchen von den Zweigen zupfen. Ein grosses Stück Klarsichtfolie auf der Arbeitsfläche ausbreiten. Die Lachstranchen darauf lückenlos auslegen. Mit der Fischmousse bestreichen dabei auf der oberen Längsseite einen Rand von etwa 2 cm frei lassen. Die Dillblättchen darüber streuen. Die Rauchlachsroulade mit Hilfe der Folie satt aufrollen. Vor dem Servieren etwa 1 Stunde kühl stellen.

4 Die Gurke schälen, dabei in Abständen Längsschalenstreifen stehen lassen, halbieren und die Kerne mit einem Teelöffel auslösen. Die Gurke in möglichst dünne Scheiben schneiden oder hobeln. In ein Sieb geben, mit etwas Salz bestreuen und 10 Minuten Wasser ziehen lassen. Dann die Gurkenscheiben kurz kalt abspülen und gut abtropfen lassen.

5 Senf, wenig Salz, Pfeffer, Öl, Essig und Rahm mit einem Schwingbesen zu einer Sauce rühren. Die Dillblättchen grob hacken. Zur Sauce geben und alles mit den Gurkenscheiben mischen.

6 Zum Servieren die Rauchlachsroulade mit einem scharfen Messer in etwa 2 cm breite Scheiben schneiden und auf dem Gurkensalat anrichten.

Tipp

Man kann die Rauchlachsroulade auch zum Aperitif servieren: Dazu die Roulade in 1 cm dicke Scheiben schneiden. Je eine Gurkenscheiben auf eine Pumpernickelrondelle (gibt es fertig zugeschnitten zu kaufen) legen und die Rouladenscheiben darauf setzen.

Wenn man für weniger/mehr Gäste kocht

Die Rezeptmenge kann ohne Einschränkung halbiert oder vervielfacht werden.

Links Rauchlachsroulade mit kleinem Gurkensalat, unten Kalbskarree an Limonen-Pfeffer-Sauce mit Bohnen Gärtnerinnenart und Pistazienreis

sich kleine Spitzchen bilden. Die Pfefferkörner unter warmem Wasser kurz spülen, gut abtropfen lassen und mit einer Gabel leicht zerdrücken. Die Petersilie fein hacken. Pfefferkörner, Petersilie, Limonenschale und Currypulver zur Butter geben. Den Limonensaft und das Mehl zusammen verrühren und ebenfalls unter die Butter mischen. Wenn nötig mit Salz nachwürzen.

Was man vorbereiten kann
Die Vorspeise kann bis aufs Anrichten ½ Tag im Voraus zubereitet werden. Den Gurkensalat nie direkt aus dem Kühlschrank servieren, sondern wieder Zimmertemperatur annehmen lassen.

Kalbskarree an Limonen-Pfeffer-Sauce

Dieses zarte Bratenstück vom Kalb eignet sich sehr gut für eine grosse Gästerunde. In diesem Rezept lässt man es nach dem Anbraten im Ofen bei kleiner Hitze gar ziehen und serviert es an einer feinen Limonensauce mit grünem Pfeffer.

Für 8 Personen

1,2–1,5 kg Kalbskarree (Nierstück)
1 Esslöffel Senf
Salz, Pfeffer aus der Mühle
1 Esslöffel Bratbutter
50 ml Noilly Prat (trockener Wermut)
150 g gesalzene Butter
2 Esslöffel eingelegte grüne Pfefferkörner
½ Bund glattblättrige Petersilie
abgeriebene Schale von ½ Limone
1 Prise Currypulver
Saft von ½ Limone
1 gehäufter Teelöffel Mehl
100 ml Rahm

1 Den Backofen auf 80 Grad vorheizen und eine Platte mitwärmen.
2 Das Fleisch dünn mit Senf einreiben und mit Salz sowie Pfeffer würzen. In der heissen Bratbutter von allen Seiten – auch an den Enden – 10 Minuten anbraten. Sofort auf die vorgewärmte Platte geben und im vorgeheizten Ofen bei 80 Grad 2–2½ Stunden nachgaren lassen.
3 Den Bratensatz mit dem Noilly Prat ablöschen. In der Pfanne beiseite stellen.
4 Die gesalzene Butter bei Zimmertemperatur weich werden lassen. Mit einer Kelle so lange durchrühren, bis

5 Unmittelbar vor dem Servieren den Bratenjus sehr gut aufkochen. Die Limonen-Pfeffer-Butter beifügen und aufschäumen lassen. Den Rahm dazugiessen, aufkochen und die Sauce abschmecken.

6 Das Kalbskarree in dünne Scheiben aufschneiden, auf vorgewärmten Tellern anrichten und mit etwas Sauce überziehen.

Wenn man für weniger/mehr Gäste kocht

- Bei halber Rezeptmenge das Fleisch (600–800 g) nur etwa 8 Minuten anbraten. Für eine noch kleinere Gästezahl ein Stück Kalbsfilet wählen; dieses je nach Grösse und Dicke nur 3–4 Minuten anbraten.
- Bei Vervielfachung der Rezeptzutaten zwei oder entsprechend mehr möglichst gleichmässig grosse Fleischstücke wählen.

Was man vorbereiten kann

Die Limonen-Pfeffer-Butter (Punkt 4) kann bereits einige Tage im Voraus zubereitet werden.

Bohnen Gärtnerinnenart

Eine auch optisch attraktive Beilage: Grüne Bohnen werden nach dem Garen mit einer Specktranche umwickelt und in reichlich Zwiebeln kurz glasiert.

Für 8 Personen

1 kg grüne Bohnen
Salz
1 grosse Zwiebel
etwa 16 dünn geschnittene Specktranchen
50 g Butter
ca. 50 ml Hühner- oder Gemüsebouillon
schwarzer Pfeffer aus der Mühle

1 Die Bohnen rüsten und waschen. Zugedeckt in einem eher weiten Topf in Salzwasser nur gerade knapp weich garen. Abschütten und kalt abschrecken.

2 Die Zwiebel schälen und fein hacken.

3 Jeweils 8–10 Bohnen zu einem Bündelchen zusammenfassen und mit einer Scheibe Speck umwickeln.

4 In einer weiten Pfanne die Butter schmelzen. Die Zwiebel darin hellgelb dünsten. Die Bohnenpäckchen nebeneinander hineinlegen und leicht anbraten. 2–3 Esslöffel Bouillon dazugeben und die Bohnen noch etwa 5 Minuten dünsten; ist die Flüssigkeit eingekocht, nochmals 1–2 Esslöffel Bouillon nachgeben.

Wenn man für weniger/mehr Gäste kocht

- Weniger Gäste: Die Rezeptzutaten mit Ausnahme der Bouillon zum Dünsten der Gästezahl entsprechend verringern. Bouillon während des Fertiggarens immer nur löffelweise dazugeben und einkochen lassen, bevor die nächste Portion dazukommt.
- Mehr Gäste: Die Rezeptzutaten mit Ausnahme der Butter und der Bouillon zum Dünsten der Gästezahl entsprechend vervielfachen. Butter und Bouillon braucht es auch für grosse Portionen nur unwesentlich mehr als rezeptiert.

Was man vorbereiten kann

Die Bohnen können 2–3 Stunden im Voraus zubereitet werden. Im Topf lassen und kurz vor dem Servieren noch einmal sehr gut erhitzen; dazu wenn nötig noch 2–3 Esslöffel Bouillon nachgeben.

Pistazienreis

Die grünen Pistazien geben dem Trockenreis hübsche Farbtupfer und passen geschmacklich gut zur Limonen-Pfeffer-Sauce. Anstelle von Pistazien kann man auch Pinienkerne oder Mandelblättchen zum Reis geben.

Für 8 Personen

400 g Langkornreis (Parboiled)
60 g grüne Pistazien
60 g Butter

1 In einem Topf reichlich Salzwasser aufkochen. Den Reis hineingeben und auf mittlerem bis kleinerem Feuer etwa 15 Minuten nur gerade knapp bissfest garen. In ein grosses Sieb abschütten und gründlich kalt abschrecken, damit der Reis nicht zusammenklebt.
2 Die Pistazien grob hacken.
3 In einer weiten Pfanne die Butter schmelzen. Die Pistazien beifügen und kurz anrösten. Dann den Reis dazugeben, alles mischen und nur noch gut heiss werden lassen.

Wenn man für weniger/mehr Gäste kocht
Die Rezeptmenge kann ohne Einschränkung halbiert oder vervielfacht werden.

Was man vorbereiten kann
Der Reis kann bis und mit Punkt 2 ½ Tag im Voraus zubereitet werden; bis zur Verwendung kühl stellen. Kurz vor dem Servieren gemäss Punkt 3 fertigstellen.

Pfirsichglacecake

Dieser raffinierte Eiscake besteht aus einer hausgemachten Pfirsichglace mit Fruchtwürfelchen sowie kleinen Schokolade-Meringues als Einlage. Findet man keine Schokolade-Meringues,

Pfirsichglacecake

kann man auch normale Meringueschalen zerbröckeln und in die Glacemasse drücken.

Für 8 Personen

6 Pfirsiche
2 Esslöffel Zucker für den Sud
Saft von 1 Zitrone
3 Eier
3 Esslöffel Zucker für die Creme
¼ l Rahm
60 g Puderzucker
1 Vanillestängel
1 kleines Paket Schokolade-Meringues

1 Die Pfirsiche kurz in kochendes Wasser tauchen, herausnehmen und häuten. Anschliessend halbieren und den Stein entfernen.
2 ½ l Wasser mit dem Zucker aufkochen. Die Pfirsichhälften hineingeben und unter dem Siedepunkt knapp weich garen. Herausheben und leicht abkühlen lassen.
3 Die Hälfte der Pfirsiche zusammen mit dem Zitronensaft im Mixer pürieren. Die restlichen Pfirsichhälften in Würfelchen schneiden.
4 Die Eier mit dem Zucker zu einer hellen, dicklichen Creme aufschlagen. Das Pfirsichpüree und die Pfirsichwürfelchen untermischen.
5 Den Rahm steif schlagen. Den Puderzucker und die herausgekratzten Samen des Vanillestängels beigeben, kurz weiterschlagen. Ein Drittel des Rahms unter die Pfirsichcreme ziehen.
6 Eine Cakeform mit Klarsichtfolie auslegen; am besten geht dies, wenn man die eine Seite der Folie mit Wasser befeuchtet.
7 Die Hälfte der Pfirsichcreme in die vorbereitete Cakeform geben und im Tiefkühler etwa 30 Minuten anfrieren lassen. Dann die Rahmmasse daraufgeben und den Glacecake wieder anfrieren lassen. Mit der restlichen Pfirsichcreme abschliessen. Die Schokolade-Meringues mit den Spitzchen nach unten in die Masse drücken. Den Glacecake im Tiefkühler gefrieren lassen.
8 Zum Servieren die Form ganz kurz in heisses Wasser stellen. Den Rand mit einem Messer lösen und den Glacecake auf eine Platte stürzen.

Wenn man für weniger/mehr Gäste kocht
Die Rezeptmenge lässt sich problemlos (drittelweise) der Gästezahl entsprechend reduzieren beziehungsweise vervielfachen.

Was man vorbereiten kann
Der Glacecake lässt sich eine Woche im Voraus fertig stellen. Nach dem Einfrieren gut in Folie verpacken, damit die Glace keinen Fremdgeschmack annimmt. Rechtzeitig aus dem Tiefkühler nehmen, stürzen und im Kühlschrank leicht antauen lassen.

Menü 10

Zum Auftakt:
Currysuppe mit Huhn

Das Hauptgericht:
Kräuterbraten
Flämisches Karotten-Kartoffel-Gemüse

Zum Dessert:
Glacegugelhopf Schwarzwälder Art

Currysuppe mit Huhn

Die Basis für diese würzige Suppe ist eine hausgemachte Geflügelbouillon. Ihre Zubereitung lohnt sich allein schon deshalb, weil das mitgekochte Pouletfleisch eine hervorragende Suppeneinlage ergibt und Reste für einen feinen Pouletsalat verwendet werden können.

Für 8 Personen

Sud:
2–3 Karotten
1 Stange Lauch
1 Stück Sellerie
1 Zwiebel
1 Esslöffel Öl
2 l Wasser
2–3 Zweige Petersilie
1 Lorbeerblatt
2 Nelken
1 Poulet
2 gestrichene Esslöffel Salz

Suppe:
1 Frühlingszwiebel
1 grosse Karotte
2 Esslöffel Butter
2–3 Esslöffel milder Curry
100 ml trockener Weisswein
1 1/2 l Geflügelsud
1 Esslöffel Mehl
25 g weiche Butter
150 ml Rahm
etwas Currypulver zum Bestreuen

1 Die Gemüse für den Sud gut waschen und ungeschält in Stücke schneiden. Im heissen Öl kräftig anbraten. Mit dem Wasser ablöschen und die Petersilienzweige, das Lorbeerblatt und die Nelken beifügen. Aufkochen, dann das Poulet beifügen. Den Sud salzen. Das Huhn auf kleinem Feuer 45–60 Minuten zugedeckt leise kochen lassen.
2 Das Poulet herausnehmen und die Brustteile auslösen. Das restliche Fleisch z.B. für einen Pouletsalat verwenden. Die Brustteile in Streifen schneiden.
3 Den Sud absieben und 1 1/2 l abmessen; wenn nötig entfetten.
4 Die Frühlingszwiebel rüsten; das Weisse fein hacken, die grünen Stängelteile in feine Ringe schneiden. Die Karotte schälen und in hauchfeine Scheibchen schneiden.
5 Das Weisse der Frühlingszwiebel in der warmen Butter andünsten. Den Curry beifügen und kurz mitdünsten, damit er sein Aroma voll entfalten kann. Den Weisswein dazugiessen und zur Hälfte einkochen lassen. Mit der Bouillon auffüllen. Das Frühlingszwiebelgrün sowie die Karottenscheibchen beifügen und die Suppe aufkochen.
6 Das Mehl mit der weichen Butter mit einer Gabel verkneten. Flockenweise in die kochende Suppe geben. Die Suppe auf kleinem Feuer 10 Minuten kochen lassen. Dann das Pouletfleisch beifügen.
7 Kurz vor dem Servieren den Rahm halb steif schlagen.
8 Die Suppe in Tellern oder Tassen anrichten, je etwas Rahm daraufgeben und mit wenig Currypulver bestreuen. Sofort servieren.

Wenn man für weniger/mehr Gäste kocht
Es lohnt sich nicht, die Suppe in kleinerer Menge zuzubereiten; sie kann aber fertig – ohne die Beigabe von Rahm – sehr gut tiefgekühlt werden. Die Vervielfachung der Rezeptmenge ist problemlos möglich.

Oben Currysuppe mit Huhn, rechts Kräuterbraten

Was man vorbereiten kann

Die Suppe kann bis und mit Punkt 6 bereits am Vortag fertig gestellt werden. Sie wird kurz vor dem Servieren noch einmal gut durchgekocht und gemäss Punkt 7–8 angerichtet.

Kräuterbraten

Dieser Braten schmeckt warm wie kalt gleich gut. Wird er kalt aufgeschnitten, serviert man anstelle des Karotten-Kartoffel-Gemüses rustikale Salate wie Kartoffel-, Bohnen-, Gurken-, Karotten- oder Tomatensalat dazu.

Für 8 Personen

4 Bund Petersilie
10 Salbeiblätter
2 Zweige Rosmarin
2 Bund Basilikum
6 Knoblauchzehen
1 gestrichener Esslöffel Salz
reichlich schwarzer Pfeffer aus der Mühle
2–3 Esslöffel Olivenöl für die Kräuterpaste
ca. 1,5–1,8 kg Schweinshals
1 l leichte Fleischbouillon
50 ml Olivenöl zum Bestreichen

1 Den Backofen auf 200 Grad vorheizen.
2 Alle Kräuter und den Knoblauch sehr fein hacken. Mit dem Salz, sehr viel frisch gemahlenem Pfeffer (etwa 20 Umdrehungen!) und dem Olivenöl mischen.
3 Im Fleischstück mit einem spitzen, schmalen Messer rundum tiefe, schmale Einschnitte anbringen und diese sehr

satt mit der Kräutermischung füllen. Das Fleisch mit Küchenschnur binden.

4 Das Fleisch in einen tiefen Schmortopf legen. Die Bouillon aufkochen und dazugiessen. Den Topf auf die unterste Rille des Ofens schieben und das Fleisch ohne Deckel 1 Stunde schmoren lassen; die Flüssigkeit soll dabei stark einkochen.

5 Nun die Ofentemperatur auf 80 Grad reduzieren. Den Ofen kurz öffnen und die Hitze 3–4 Minuten austreten lassen. Das Fleisch 1 weitere Stunde garen.

6 Die Fleischoberfläche mit Olivenöl bestreichen. Die Backofenhitze auf 250 Grad erhöhen und das Fleisch weitere 12–15 Minuten leicht bräunen. In Tranchen aufschneiden und mit etwas Jus übergiessen. Den restlichen Jus separat dazu servieren.

Wenn man für weniger/mehr Gäste kocht

- Es lohnt sich nicht, einen Braten unter 800 g zuzubereiten. Reste schmecken jedoch auch sehr gut kalt aufgeschnitten. Einen Braten zwischen 800 g und 1,2 kg nur 45 Minuten bei 200 Grad schmoren; der Rest der Zubereitung bleibt sich gleich.
- Bei Vervielfachung der Rezeptmenge zwei oder entsprechend mehr Bratenstücke zubereiten.

Was man vorbereiten kann

Das Fleisch kann bis und mit Punkt 3 bereits am Vortag vorbereitet werden.

Flämisches Karotten-Kartoffel-Gemüse

So einfach, so gut: Kartoffel- und Karottenstängelchen werden zusammen mit fein gehacktem Speck und Zwiebeln in Butter und wenig Bouillon gedünstet und vor dem Servieren mit viel Petersilie gewürzt. Anstelle von Karotten kann man auch Pfälzer Rüben verwenden.

Für 8 Personen

150 g magere Bratspeckscheiben
2 grosse Zwiebeln
1 kg Kartoffeln
1,5 kg Karotten
50 g Butter
ca. 100 ml Hühner- oder Gemüsebouillon
Salz, schwarzer Pfeffer aus der Mühle
3 Bund Petersilie

1 Die Bratspecktranchen zuerst in dünne Streifchen schneiden, dann ziemlich fein hacken.

2 Die Zwiebeln schälen und ebenfalls fein hacken.

3 Die Kartoffeln und Karotten schälen und in fingergrosse Stängelchen schneiden.

4 In einem eher weiten Topf den Speck im eigenen Fett langsam braten. Die Butter und die Zwiebeln beifügen und hellgelb dünsten. Dann die Kartoffeln und Karotten sowie die Bouillon dazugeben. Alles mit Salz und Pfeffer würzen und zugedeckt 15–20 Minuten weich dünsten.

5 Inzwischen die Petersilie fein hacken. Gegen Schluss der Kochzeit unter das Gemüse mischen.

Wenn man für weniger/mehr Gäste kocht

Die Rezeptmenge kann ohne Einschränkung halbiert oder vervielfacht werden.

Was man vorbereiten kann

Das Gemüse kann 1–2 Stunden im Voraus nur gerade knackig gekocht werden, beiseite, aber nicht kühl stellen. Vor dem Servieren nochmals gut 5 Minuten kochen lassen und gemäss Punkt 5 fertig stellen.

Glacegugelhopf Schwarzwälder Art

Ein Dessert, das alle mögen: Eine zartschmelzende, hausgemachte Rahm-Vanille-Glace mit kleinen Schokoladestückchen wird zu einem Gugelhopf gefroren und in Stücke geschnitten mit einem lauwarmen oder kalten Kirschenkompott serviert. Gut schmeckt anstelle des Kirschenkompotts auch eine Himbeersauce.

Glacegugelhopf Schwarzwälder Art

Für 8 Personen

3/4 l Rahm
1 Vanillestängel
5 Eigelb
150 g Zucker
1 Päckchen Vanillezucker
3 Eiweiss
150 g dunkle Schokolade oder Schokolade mit Honig-Mandel-Nougat (Toblerone)

Kirschenkompott:
ca. 800 g Sauerkirschen (Griottes), abgetropft gewogen
200 ml Kirschensaft
200 ml Rotwein
3–4 Esslöffel Zucker
1 Teelöffel Speisestärke
nach Belieben 1–2 Esslöffel Kirsch

1 Den Rahm in einen Topf geben. Den Vanillestängel der Länge nach aufschlitzen und zusammen mit den herausgekratzten Samen beifügen. Unter Rühren aufkochen. Vom Feuer ziehen und noch 10 Minuten ziehen lassen.

2 In der Zwischenzeit die Eigelbe mit 100 g Zucker sowie dem Vanillezucker zu einer hellen, dicklichen Creme aufschlagen.

3 Den Vanillerahm nochmals aufkochen; den Vanillestängel entfernen. Den heissen Rahm unter Rühren mit dem Schwingbesen zur Eigelbcreme giessen. Alles in den Topf zurückgeben und bis kurz vors Kochen bringen; die Creme darf jedoch nicht mehr richtig kochen, sonst gerinnt das Eigelb. Sofort in eine Schüssel umgiessen. Die Oberfläche der Creme mit Klarsichtfolie bedecken, damit sich beim Abkühlen keine Haut bildet. Nach dem Erkalten nochmals 2–3 Minuten mit dem Schwingbesen durchrühren.

4 Nun das Eiweiss steif schlagen. Unter fortgesetztem Schlagen löffelweise den restlichen Zucker (50 g) beifügen, bis eine glänzende, sehr steife Masse entstanden ist. Diese sorgfältig in zwei Portionen mit dem Schwingbesen unter die Eigelb-Rahm-Creme rühren.

5 Mit einem grossen Messer die Schokolade in kleine Stücke oder Späne schneiden. Unter die Creme ziehen. Diese sofort in eine grosse beschichtete Gugelhopfform oder Portionenformen füllen und im Tiefkühler mindestens 4 Stunden gefrieren lassen.

6 Die Kirschen in einem Sieb gut abtropfen lassen. Den Kirschensaft, den Rotwein und den Zucker zusammen aufkochen und gut zu einem Drittel einkochen lassen. Die Speisestärke mit wenig kaltem Wasser oder Kirschensaft anrühren, beifügen und noch so lange kochen lassen, bis der Sud leicht bindet. Vom Feuer nehmen. Die Kirschen beifügen und das Kompott mit dem Kirsch parfümieren. Lauwarm oder kalt zum Eisgugelhopf servieren.

Wenn man für weniger/mehr Gäste kocht

Die Rezeptmenge lässt sich problemlos (drittelweise) der Gästezahl entsprechend reduzieren beziehungsweise vervielfachen.

Was man vorbereiten kann

Der Glacegugelhopf kann 1 Woche im Voraus, das Kompott am Vortag zubereitet werden.

Menü 11

Zum Auftakt:
Gazpacho

Das Hauptgericht:
Marinierter Lammgigot mit Kartoffeln
Erbsen nach Florentiner Art

Zum Dessert:
Orangen-Bavaroise

Gazpacho

Diese Tomaten-Gemüse-Suppe aus Spanien wird gut gekühlt serviert und ist ein erfrischender, appetitanregender Auftakt zu jedem Essen.

Für 6–8 Personen

500 g Tomaten
1 rote Peperoni (Paprika)
½ Salatgurke
1 hart gekochtes Ei
1 kleine Zwiebel
1 Knoblauchzehe
125 g Toastbrot
¼ l Milchwasser
50 ml Tomatenketchup
100 g Mayonnaise
1–2 Esslöffel Olivenöl
1 Esslöffel Weissweinessig
½ Esslöffel Zucker
½ Esslöffel Rosenpaprika
Salz, schwarzer Pfeffer aus der Mühle

Einlage:
½ Salatgurke
2 Tomaten
1 grüne Peperoni (Paprika)
1 Zwiebel
1 hart gekochtes Ei

1 Die Tomaten in Würfel schneiden. Die Peperoni entkernen und ebenfalls würfeln. Die Gurken schälen und scheibeln. Das Ei, die Zwiebel und den Knoblauch schälen und fein hacken. Alles in eine Schüssel geben.
2 Das Toastbrot entrinden und mit der Milch und dem Wasser beträufeln. Zum Gemüse geben.
3 Ketchup, Mayonnaise, Öl, Essig, Zucker und Paprika beifügen. Alles sorgfältig mischen. Zugedeckt im Kühlschrank mindestens 6 Stunden, besser aber über Nacht ziehen lassen.
4 Die Masse im Mixer sehr fein pürieren und wenn nötig mit Salz sowie Pfeffer abschmecken. Bis zum Servieren kalt stellen. Vor dem Anrichten je nach Konsistenz die Suppe mit wenig Wasser verdünnen.
5 Für die Einlage die Gurke schälen, der Länge nach halbieren, entkernen und klein würfeln. Die Tomaten kurz in kochendes Wasser tauchen, schälen, quer halbieren und würfeln. Die Peperoni entkernen und ebenfalls in kleine Würfel schneiden. Die Zwiebel schälen und fein hacken. Das Ei schälen und klein würfeln. Alles separat zur Suppe servieren.

Wenn man für weniger/mehr Gäste kocht
Die Gazpacho wird geschmacklich besser, wenn sie mindestens in der rezeptierten Menge zubereitet wird. Sie kann im Kühlschrank gut 4–5 Tage aufbewahrt werden.

Was man vorbereiten kann
Die Suppe sollte ohnehin 6–8 Stunden im Voraus zubereitet werden, damit sich ihr Aroma voll entfalten kann.

Marinierter Lammgigot mit Kartoffeln

Die Lammkeule wird einige Stunden vor der Zubereitung mit einer Kräuter-Knoblauch-Marinade bestrichen, was ihr ein feines Aroma verleiht. Anschliessend wird sie zusammen mit Kartoffeln im Ofen gebraten.

Gazpacho

Für 6–8 Personen

1 Bund Thymian
1 Bund glattblättrige Petersilie
8 Knoblauchzehen
150 ml Olivenöl
schwarzer Pfeffer aus der Mühle
1 Lammgigot (Keule), ca. 2,3–2,6 kg schwer
1,2 kg neue Kartoffeln
Salz
1 Bund glattblättrige Petersilie für die Kartoffeln

1 Die Thymianblättchen von den Zweigen zupfen. Die Petersilie fein hacken. Die Knoblauchzehen schälen und grob hacken. Mit 100 ml Olivenöl sowie reichlich frisch gemahlenem Pfeffer mischen.

2 Den Lammgigot in einen grossen Frischhaltebeutel geben und das Kräuter-Knoblauch-Öl darüber giessen. Den Beutel möglichst satt am Fleischstück verschliessen. Einige Male drehen und wenden, damit sich das Fleisch gleichmässig mit Marinade überzieht. Mindestens 2 Stunden, besser aber über Nacht im Kühlschrank durchziehen lassen.

3 Den Backofen auf 250 Grad vorheizen.

4 Das restliche Olivenöl auf einem Backblech oder in einer sehr grossen Gratinform verteilen. Den Gigot aus dem Marinadebeutel nehmen und auf das Blech legen. Die verbliebene Marinade darüber träufeln.

5 Die Kartoffeln unter fliessendem Wasser bürsten. Auf dem Blech um das Fleisch verteilen. Kartoffeln und Fleisch grosszügig salzen.

6 Das Blech auf der untersten Rille des Ofens einschieben. Fleisch und Kartoffeln 20 Minuten bei 250 Grad anbraten.

7 Dann die Hitze auf 175 Grad reduzieren und das Fleisch sowie die Kartoffeln weitere 30 Minuten braten. Dabei beides zwei- bis dreimal mit Öl und dem ausgetretenem Fleischsaft beträufeln.

8 Den Ofen abschalten und die Ofentüre einen Spalt weit öffnen; am besten klemmt man eine Holzkelle in die Tür, damit sie nicht zufällt. Das Fleisch 20 Minuten nachziehen lassen.

9 Die Petersilie fein hacken. Über die Kartoffeln verteilen.

10 Den Gigot in dünne Scheiben aufschneiden und mit den Kartoffeln servieren.

Wenn man für weniger/mehr Gäste kocht

- Weniger Gäste: Für weniger als 4 Personen lohnt sich die Zubereitung eines Gigots nicht; eventuell stattdessen einen gerollten Lammbraten verwenden. Die Menge des Olivenöls für Marinade und Form sollte nur geringfügig reduziert werden, damit der Braten schön saftig bleibt.
- Mehr Gäste: Ein Lammgigot ist in der Regel nicht schwerer als 2,6 kg. Deshalb bei 9 und mehr Gästen zwei kleinere bzw. entsprechend mehr Lammgigots braten. Aus Platzgründen müssen in diesem Fall alle oder wenigstens ein Teil der Kartoffeln in der Pfanne gebraten werden.

Was man vorbereiten kann

Den Gigot bereits am Vorabend marinieren. Der Rest des Gerichts muss frisch zubereitet werden, gibt aber kaum Arbeit.

Erbsen nach Florentiner Art

Diese unkomplizierte Gemüsebeilage passt praktisch zu sämtlichen Fleischgerichten. Erbsen lassen sich übrigens ohne Qualitätseinbusse tiefkühlen; dadurch stehen sie das ganze Jahr hindurch als praktisches, weil schnell zubereitetes Gemüse zur Verfügung.

Für 6–8 Personen als Beilage

Ca. 1 3/4 kg frische Erbsen in der Schote, ersatzweise 600 g tiefgekühlte Erbsen
75 g Pancetta oder Bratspeck
3 Knoblauchzehen
1 grosser Bund glattblättrige Petersilie
50 ml Olivenöl
ca. 1/8 l Hühnerbouillon
Salz, schwarzer Pfeffer aus der Mühle

1 Die Erbsen aus den Schoten lösen. Tiefgekühlte Erbsen können gefroren verwendet werden.
2 Den Pancetta oder Speck in kleinste Würfelchen schneiden. Den Knoblauch schälen und in dünne Scheibchen schneiden. Die Petersilie fein hacken.
3 In einem Topf das Olivenöl erhitzen. Den Speck und den Knoblauch darin unter Rühren hellgelb dünsten.
4 Die Erbsen und die Hälfte der Petersilie beifügen. Die Bouillon dazugiessen. Die Erbsen zugedeckt unter gelegentlichem Umrühren je nach Qualität 8 Minuten (zarte, junge, kleine sowie tiefgekühlte Erbsen) bis 25 Minuten (grössere, eher robuste Erbsen) garen. Gegen Ende der Kochzeit mit Salz und Pfeffer abschmecken.
5 Kurz vor dem Servieren die restliche Petersilie untermischen.

Wenn man für weniger/mehr Gäste kocht
Die Rezeptmenge kann ohne Einschränkung halbiert oder vervielfacht werden.

Was man vorbereiten kann
Die Erbsen können etwa 1/2 Tag im Voraus zubereitet und vor dem Servieren nur noch einmal gut erhitzt werden.

Marinierter Lammgigot mit Kartoffeln und Erbsen nach Florentiner Art

Orangen-Bavaroise

Zwischen Mousse und Pudding liegt dieses erfrischende, angenehm säuerliche Dessert, das von einem kleinen Orangenkompott mit Sultaninen begleitet wird. Nach Belieben kann man dieses durch eine Erdbeersauce ersetzen.

Für 6–8 Personen

- 10–12 grosse, saftige Orangen
- 7 Blatt Gelatine
- 50 ml Grenadinesirup
- 50 ml Orangenlikör
- Saft von 1 Zitrone
- 150 ml Rahm
- 150 ml Crème fraîche
- 3 Eiweiss
- 60 g Zucker

Garnitur:

- 4 grosse Orangen
- 2 Esslöffel Zucker
- 1 gehäufter Esslöffel Sultaninen

1 Den Saft der Orangen auspressen; es soll ¾ l ergeben. ¼ l beiseite stellen. Den restlichen Orangensaft in einen Topf geben und zur Hälfte einkochen lassen. Mit dem beiseite gestellten Saft mischen, so das man wieder ½ l Flüssigkeit erhält.

2 Die Gelatine in reichlich kaltem Wasser einweichen. Wenn sie zusammengefallen ist, tropfnass in einem Pfännchen auf kleinem Feuer auflösen. Zur Seite ziehen. Etwas Orangenflüssigkeit dazurühren und diese Mischung zum Orangensaft geben. Grenadinesirup, Orangenlikör und Zitronensaft dazurühren. Die Masse kühl stellen, bis sie dem Rand entlang zu gelieren beginnt.

3 Kleine Portionenformen, eine grosse Pudding- oder eine beschichtete Cakeform mit Klarsichtfolie auslegen.

4 Den Rahm steif schlagen. Die Crème fraîche dazurühren.

5 Das Eiweiss sehr schaumig aufschlagen. Dann unter Weiterrühren löffelweise den Zucker einrieseln lassen. Die Masse noch so lange schlagen, bis ein glänzend weisser Eischnee entstanden ist.

6 Zuerst die Rahmmischung unter die Orangenmasse rühren. Dann den Eischnee locker darunter ziehen. Die Creme in die vorbereitete(n) Form(en) füllen. Kleine Förmchen mindestens 2 Stunden, eine grosse Form mindestens 6 Stunden kalt stellen.

7 Für die Garnitur die Schale von 1 Orange mit einem Zestenmesser dünn ablösen oder mit einem Sparschäler abschälen und in feinste Streifchen schneiden. In wenig kochendes Wasser geben und 1 Minute blanchieren. Kalt abschrecken.

8 Den Saft von 2 Orangen auspressen. Die restlichen Orangen mitsamt der weissen Haut schälen, dann die Schnitze mit einem scharfen Messer aus den Trennhäuten schneiden.

9 In einer kleinen Pfanne den Zucker zu hellbraunem Karamel schmelzen. Die Orangenschalenstreifchen beifügen und kurz darin wenden. Mit dem Orangensaft ablöschen und alles noch so lange kochen lassen, bis sich der Karamel aufgelöst hat. Die Orangenfilets sowie die Sultaninen beifügen und 1 Minute mitkochen. Auskühlen lassen.

10 Zum Servieren die Bavaroise aus der Form stürzen. Mit Orangensauce und Sultaninen garnieren.

Orangen-Bavaroise

Wenn man für weniger/mehr Gäste kocht

Die Rezeptmenge kann ohne Einschränkung halbiert oder vervielfacht werden. Bei Verwendung von Portionenförmchen die Gelatinemenge um 1–2 Blatt reduzieren.

Was man vorbereiten kann

Das Dessert kann gut bereits am Vortag zubereitet werden.

Menü 12

Zum Auftakt:
Avocadotatar
Hausgemachte Brioche

Das Hauptgericht:
Kalbsragout mit Frühlingszwiebeln, Tomaten und Pilzen
Überbackene Griess-Gnocchi

Zum Dessert:
Passionsfruchtmousse

Avocadotatar

Klein geschnittene Avocados, Tomaten, Peperoni, Eier, Lauch und reichlich Kräuter sind die Zutaten für diese attraktive Vorspeise. Denken Sie daran, die Avocados rechtzeitig einzukaufen, damit sie wenn nötig zuhause bei Zimmertemperatur nachreifen können. Reife Avocados erkennt man daran, dass ihr Fruchtfleisch auf Fingerdruck leicht nachgibt. Im Gemüsefach des Kühlschranks lassen sich die vollreifen Früchte noch mindestens 3–4 Tage lagern.

Für 8 Personen

4 Avocados
Saft von 2 Zitronen
4 Esslöffel Öl
Salz, Pfeffer aus der Mühle
1 Teelöffel Korianderpulver
1 Stange Lauch
2 Tomaten
1 Peperoni (Paprika)
2 hart gekochte Eier
2 Bund Schnittlauch
2 Bund Petersilie
2 Knoblauchzehen
1 Esslöffel Senf
etwas Tabasco oder Cayennepfeffer
1 Teelöffel Worcestershiresauce

1 Die Avocados halbieren, den Stein entfernen, die Früchte schälen und in kleine Würfelchen schneiden. Man kann die Avocados auch mit dem Wiegemesser oder einem grossen Küchenmesser grob hacken; jedoch Acht geben, dass sie dabei nicht zu Mus werden.

2 Zitronensaft, Öl, Salz, Pfeffer und Korianderpulver miteinander verrühren. Das Avocadofleisch sofort beifügen und sorgfältig mit der Sauce mischen.

3 Den Lauch rüsten und in feine Ringe schneiden, dann diese fein hacken.

4 Die Tomaten kurz in kochendes Wasser tauchen, schälen, quer halbieren, die Kerne herauskratzen und das Fruchtfleisch in kleine Würfelchen schneiden.

5 Die Peperoni halbieren, entkernen, waschen und in kleinste Würfelchen schneiden.

6 Die hart gekochten Eier schälen und fein hacken.

7 Den Schnittlauch in Röllchen schneiden. Die Petersilie und den Knoblauch sehr fein hacken.

8 Alle vorbereiteten Zutaten sorgfältig mit den Avocados mischen. Das Tatar mit Senf, Tabasco oder Cayennepfeffer, Worcestershiresauce sowie wenn nötig noch Salz und Pfeffer abschmecken.
Als Beilage serviert man hausgemachte Brioche, knuspriges Pariserbrot oder Toast.

Wenn man für weniger/mehr Gäste kocht
Die Rezeptmenge kann ohne Einschränkung halbiert oder vervielfacht werden.

Was man vorbereiten kann
Das Tatar kann gut ½ Tag im Voraus zubereitet werden; nie direkt aus dem Kühlschrank servieren, sondern rechtzeitig Zimmertemperatur annehmen lassen.

Hausgemachte Brioche

Eigentlich eher einem Kuchen als einem Brot gleicht dieses Hefegebäck, das ein feiner Begleiter zu vielen Vorspeisen ist. Es lohnt sich, gleich die doppelte Menge zu backen, da sich Brioche sehr gut tiefkühlen lässt. Besonders praktisch ist es, das Gebäck in Scheiben geschnitten einzeln einzufrieren. Im Toaster können die Briochetranchen in Minutenschnelle aufgetaut und gleichzeitig geröstet werden.

Ergibt 12–16 Stück

250 g Mehl
20 g Hefe
1 Teelöffel Zucker
150 g Butter
2 Eier
50 ml Wasser
1 Teelöffel Salz

1 Das Mehl in eine Schüssel sieben und in der Mitte eine Vertiefung drücken. Die Hefe mit dem Zucker flüssig rühren und in die Mehlmulde giessen. Mit wenig Mehl zu einem Teiglein anrühren.
2 Die Butter in einem Pfännchen schmelzen. Die Eier mit dem Wasser und dem Salz verquirlen. Die flüssige Butter beifügen. Alles zum Mehl geben und zu einem Teig rühren.
3 Eine mittelgrosse Cakeform ausbuttern. Den Teig einfüllen.
4 Die Brioche auf die unterste Rille in den Backofen geben (Ofen nicht vorheizen!). Die Temperatur auf 50 Grad einstellen und die Brioche eine halbe Stunde aufgehen lassen.

Links Avocadotatar, rechts Kalbsragout mit Frühlingszwiebeln, Tomaten und Pilzen, dazu überbackene Griess-Gnocchi

5 Jetzt die Brioche bei ansteigender Hitze backen, das heisst den Backofen zuerst auf 100 Grad schalten, dann alle 5 Minuten die Temperatur um 20 Grad erhöhen. Die letzten 7–8 Minuten bei 200 Grad backen.
6 Die Brioche aus der Form auf ein Kuchengitter stürzen und auskühlen lassen. Besonders gut schmeckt Brioche, wenn man sie in Scheiben geschnitten im Ofen unter dem Backofengrill leicht röstet.

Wenn man für weniger/mehr Gäste kocht
Weniger als die Hälfte der rezeptierten Menge sollte man nicht backen, da das Resultat sonst unbefriedigend ist. Die Vervielfachung der Rezeptmenge ist hingegen problemlos. Den Teig auf mehrere Cakeformen verteilen, dann bleibt sich die Backzeit gleich.

Was man vorbereiten kann
Die Brioche kann gut ½ Tag im Voraus gebacken werden. Nach Belieben vor dem Servieren kurz im 200 Grad heissen Ofen aufwärmen (5–8 Minuten).

Kalbsragout mit Frühlingszwiebeln, Tomaten und Pilzen

Dieses mit reichlich Gemüse zubereitete Fleischgericht ist unkompliziert in der Zubereitung, da es im Ofen langsam geschmort wird; dadurch wird es zart und bleibt saftig. Anstelle von Frühlingszwiebeln kann man auch eine Mischung von Lauch und Zwiebeln verwenden.

Für 8 Personen

1,5–2 kg Kalbsragout
Salz, schwarzer Pfeffer aus der Mühle
75 ml Olivenöl für das Fleisch
100 ml Weisswein
ca. ½ l Kalbsfond oder ersatzweise leichte Hühnerbouillon
4–6 Frühlingszwiebeln, je nach Grösse
400 g Tomaten
400 g Champignons
2 Esslöffel Olivenöl für die Champignons
150 ml Madeira oder trockener Marsala
¼ l Doppelrahm
6–8 Zweige Thymian
2 Knoblauchzehen

1 Den Backofen auf 180 Grad vorheizen.
2 Das Kalbsragout mit Salz und Pfeffer würzen. Das Olivenöl in einem Schmortopf erhitzen und die Fleischwürfel darin in 3–4 Portionen anbraten. Mit dem Weisswein ablöschen und diesen leicht einkochen lassen. Alles Fleisch wieder beifügen und etwa 200 ml Fond oder Bouillon beifügen. Das Ragout zugedeckt 50 Minuten im Ofen bei 180 Grad schmoren lassen. Dabei wenn nötig gelegentlich wenig Fond nachgiessen; es ist jedoch wichtig, dass das Ragout nicht in zu viel Schmorflüssigkeit liegt.
3 Inzwischen die Frühlingszwiebeln rüsten und schräg in Stücke schneiden.
4 Die Tomaten kurz in kochendes Wasser geben, häuten, quer halbieren, entkernen und in Würfel schneiden.
5 Die Champignons rüsten und je nach Grösse halbieren oder vierteln.
6 Nach 1 Stunde Schmorzeit die Frühlingszwiebeln beigeben. Wieder etwas Fond beifügen. Alles weitere 20 Minuten schmoren lassen.
7 Inzwischen die Champignons im heissen Olivenöl scharf anbraten; entsteht dabei Flüssigkeit, diese vollständig verdampfen lassen. Dann mit dem Madeira oder Marsala ablöschen. Leicht einkochen lassen.
8 Die Champignons mitsamt dem Jus, dem Doppelrahm und den Tomatenwürfeln unter das Ragout mischen. Nochmals 20–30 Minuten schmoren lassen, bis das Fleisch sehr weich ist.
9 Die Thymianblättchen von den Zweigen zupfen. Den Knoblauch schälen und sehr fein hacken. Beides kurz vor dem Servieren unter das Ragout mischen und dieses mit Salz und Pfeffer abschmecken.

Wenn man für weniger/mehr Gäste kocht

- Für 3–4 Personen: Die Rezeptmenge halbieren; je nachdem wie stark die Sauce einkocht, gegen Schluss zusätzlich Fond oder Bouillon sowie etwas mehr Doppelrahm beifügen.
- Mehr Gäste: Die Rezeptmenge mit Ausnahme der Flüssigkeit (Kalbsfond, Madeira oder Marsala, Doppelrahm) der Gästezahl entsprechend vervielfachen. Bei Verdoppelung der Rezeptmenge nur die anderthalbfache Flüssigkeitsmenge verwenden, bei Verdreifachung nur die zweifache Menge.

Was man vorbereiten kann.
Das Ragout kann bis und mit Punkt 8 3–4 Stunden im Voraus zubereitet werden. Etwa 10 Minuten vor dem Servieren auf dem Herd noch einmal gut durchkochen und gemäss Punkt 9 fertig stellen; dadurch hat man auch den Ofen zum Überbacken der Gnocchi frei.

Überbackene Griess-Gnocchi

Diese aus einem Griessteig zubereitete italienische Spezialität eignet sich als Beilage zu vielen Saucengerichten. Nach Belieben kann man zum Überbacken anstelle der Butterflocken auch etwas Rahm über die Gnocchi geben.

Für 8 Personen

1½ l Milch
1½ Teelöffel Salz
300 g Griess
100 g geriebener Parmesan
3 Eigelb
30 g Butter
1 Prise Muskatnuss

Zum Überbacken:
75 g geriebener Parmesan
reichlich Butterflöckchen

1 Die Milch mit dem Salz aufkochen und den Griess unter Rühren einlaufen lassen. Die Hitze ganz klein stellen und den Griess unter Weiterrühren zu einem dicken Brei kochen. Vom Herd nehmen und den Käse, die Eigelbe sowie die Butter darunter rühren. Mit Muskatnuss und wenn nötig etwas Salz abschmecken.
2 Ein grosses Blech kalt abspülen und den Griessbrei mit einem Spachtel etwa 1½ cm dick darauf ausstreichen. Damit der Griessbrei nicht am Spachtel klebt, taucht man diesen regelmässig in kaltes Wasser. Vollständig auskühlen lassen.
3 Eine feuerfeste Form ausbuttern. Mit einem grossen Ausstecher oder mit einem Glas Rondellen ausstechen, dabei das Förmchen oder den Glasrand immer wieder in kaltes Wasser tauchen, damit sich der Griess besser ausstechen lässt. Er kann auch mit einem Messer in Rauten oder Vierecke geschnitten werden. Die Griessrondellen ziegelartig in die vorbereitete Form schichten.
4 Die Gnocchi mit dem Käse bestreuen und mit reichlich Butterflocken belegen. Im auf 220 Grad vorgeheizten Ofen auf der untersten Rille 15–20 Minuten überbacken.

Wenn man für weniger/mehr Gäste kocht
Die Rezeptmenge lässt sich (drittelweise) der Gästezahl entsprechend reduzieren beziehungsweise vervielfachen.

Passionsfruchtmousse

Was man vorbereiten kann
Die Gnocchi können bis aufs Überbacken (Punkt 1–4) bereits am Vortag zubereitet werden. Gut mit Folie zudecken, damit sie im Kühlschrank nicht austrocknen.

Passionsfruchtmousse

Das orangefarbene Fruchtmark der Passionsfrucht hat ein angenehm süss-säuerliches Aroma und ergibt erfrischende Desserts wie diese zarte Mousse. Kaufen Sie nur ganz reife Passionsfrüchte, die eine schrumplige braune Schale haben. Sie sind besonders aromatisch, auch wenn sie nicht besonders schön aussehen.

Ergibt etwa 8 Portionen

1 kg Passionsfrüchte
100 g Zucker
1 Vanillestängel
3 Eigelb
6 Blatt Gelatine
200 ml Rahm
200 ml Crème fraîche
300 g Rahmquark
30 ml Weisswein
2 Päckchen Bourbon-Vanillezucker
75 g Puderzucker

1 Die Passionsfrüchte halbieren und das Fruchtfleisch mit einem Löffel herauslösen. Die Hälfte des Fruchtmarks durch ein feines Sieb streichen und den Saft auffangen. Das restliche Passionsfruchtfleisch für die Zubereitung der Sauce beiseite stellen.
2 Den Zucker in eine Schüssel geben. Den Vanillestängel der Länge nach aufschlitzen, die Samen herauskratzen und zum Zucker geben. Die Eigelbe beifügen und alles zu einer hellen, dicken Creme schlagen. Den Passionsfruchtsaft dazurühren.
3 Die Gelatine in reichlich kaltem Wasser einweichen. Wenn sie zusammengefallen ist, tropfnass in ein Pfännchen geben und auf kleinstem Feuer schmelzen lassen. Einige Löffel Passionsfruchtcreme mit der Gelatine verrühren, dann diese Mischung unter die Creme schlagen. Die Creme so lange kalt stellen, bis sie dem Rand entlang zu gelieren beginnt.
4 Den Rahm steif schlagen.
5 Crème fraîche und Rahmquark unter die Creme rühren. Dann den Schlagrahm sorgfältig darunter ziehen. Vor dem Servieren nochmals gut durchkühlen.
6 Für die Sauce das beiseite gestellte Fruchtfleisch mit dem Weisswein, dem Vanillezucker und dem Puderzucker in ein Pfännchen geben. Aufkochen, dann auf kleinstem Feuer etwa 10 Minuten leise kochen lassen. Bis zum Servieren kühl stellen.
7. Von der Mousse mit Löffeln Nocken abstechen und auf der Sauce anrichten.

Tipp
Attraktiv sieht dieses feine Dessert auch aus, wenn man die Mousse nicht als Nocken aussticht, sondern wie auf dem Foto in Gläsern anrichtet und mit Passionsfruchtsauce übergiesst.

Wenn man für weniger/mehr Gäste kocht
Die Rezeptzutaten können problemlos halbiert, nicht aber in noch kleinerer Menge zubereitet werden. Das Vervielfachen der Rezeptmenge hingegen ist problemlos.

Was man vorbereiten kann
Die Mousse sowie die dazugehörige Sauce können gut bereits am Vortag zubereitet werden. Je länger die Mousse kühl gestellt wird, desto fester wird sie; in diesem Fall nach Belieben 1–2 Blatt Gelatine weniger beifügen.

Herzhaft und gemütlich

Menü 13

Zum Auftakt:
Sizilianischer Gemüsesalat

Das Hauptgericht:
Hackbraten nach Pfarrherrenart
Safranreisküchlein

Zum Dessert:
Schokolade-Aprikosen-Parfait

Sizilianischer Gemüsesalat

Auberginen, Stangensellerie, Tomaten, Zwiebeln und Oliven sind die Hauptzutaten für diesen Salat. Sie werden nicht roh verwendet, sondern alle zusammen gebraten und mariniert.

Für 4 Personen

500 g Auberginen
Salz
25 g Rosinen
4–6 Zweige Stangensellerie, je nach Grösse
200 g Tomaten
1 grosse Zwiebel
75 g grüne Oliven ohne Stein
ca. 100 ml Olivenöl
1 Prise Zucker
50 ml Rotweinessig
1 gehäufter Esslöffel Kapern
2 gehäufte Esslöffel Pinienkerne
Salz, schwarzer Pfeffer aus der Mühle
1 Bund Basilikum

1 Den Stielansatz der Auberginen entfernen und die Früchte ungeschält in kleine Würfel schneiden. In ein Sieb geben und salzen. Etwa 15 Minuten Wasser ziehen lassen. Kurz unter kaltem Wasser abspülen und auf einem Küchentuch trockentupfen.
2 Die Rosinen mit warmem Wasser bedeckt 15 Minuten einweichen.
3 Den Stangensellerie rüsten, dabei zartes Grün an den Stängeln lassen. In dünne Streifchen schneiden.
4 Die Tomaten in kochendes Wasser tauchen, schälen, quer halbieren, entkernen und würfeln.
5 Die Zwiebel schälen und in feine Ringe schneiden.
6 Die Oliven in Scheibchen oder Streifen schneiden.
7 Die Auberginenwürfel in der Hälfte des Olivenöls unter öfterem Wenden während 10 Minuten goldbraun und weich braten. In eine Schüssel geben.
8 Etwas Olivenöl nachgeben und den Stangensellerie braten. Zu den Auberginen geben.
9 Das restliche Öl beifügen und die Zwiebeln goldgelb braten. Dann die Tomaten beifügen und 5 Minuten mitdünsten. Oliven, Zucker, Essig, Kapern, Pinienkerne sowie die gut abgetropften Rosinen beifügen. Mit Salz und Pfeffer würzen und aufkochen. Auberginen und Stangensellerie dazugeben und alles auf kleinem Feuer nochmals 10 Minuten leise kochen lassen.
10 Das Basilikum in feine Streifchen schneiden. Am Schluss unter das Gemüse mischen. Auskühlen lassen.

Wenn man für weniger/mehr Gäste kocht
Die Rezeptmenge kann ohne Einschränkung halbiert oder vervielfacht werden.

Was man vorbereiten kann
Der Salat kann gut ½ Tag im Voraus zubereitet werden. Bei Zimmertemperatur aufbewahren, sonst verliert er sein feines Aroma.

Hackbraten nach Pfarrherrenart

Nur das Beste ist gut genug für einen feinen Hackbraten – und dann ist Ihnen der Erfolg in jeder Gästerunde sicher! Der Fleischteig besteht aus gehacktem Kalbfleisch, Parmaschinken, Mortadella

Links sizilianischer Gemüsesalat, rechts Hackbraten nach Pfarrherrenart mit Safranreisküchlein

und Schweinsbratwurstbrät und wird in Milch geschmort, was ihn saftig und zart macht und die Basis für eine würzige Sauce liefert.

Für 4 Personen

2 Scheiben Weissbrot
50 ml Milch zum Einweichen
100 g Parmaschinken, in dünne Scheiben geschnitten
100 g Mortadella, in dünne Scheiben geschnitten
1 Bund glattblättrige Petersilie
100 g Schweinsbratwurstbrät
400 g gehacktes Kalbfleisch
1 Ei
3 Esslöffel frisch geriebener Parmesan
Salz, schwarzer Pfeffer aus der Mühle
50 ml Olivenöl
1 Zwiebel
2 Karotten
2–3 Zweige Stangensellerie
1/2 l Milch zum Garen
1 Zweig Rosmarin
100 ml Weisswein
25 g Butter
1 Teelöffel Mehl

1 Die Rinde der Brotscheiben dünn wegschneiden und das Brot in kleine Stücke zupfen. Die Milch erwärmen und über das Brot träufeln. 10 Minuten stehen lassen. Dann leicht ausdrücken und mit dem Wiegemesser oder im Cutter sehr fein hacken. In eine Schüssel geben.

2 Die Parmaschinken- und Mortadellascheiben zuerst in dünne Streifen, dann in kleine Vierecke schneiden und schliesslich mit dem Wiegemesser oder im Cutter fein hacken. Die Petersilie ebenfalls fein hacken. Parmaschinken, Mortadella, Petersilie, Bratwurstbrät, Hackfleisch, Ei und Parmesan zum Brot in die Schüssel geben. Zurüchhaltend salzen (Brät, Schinken und Mortadella sind bereits gewürzt!) und kräftig pfeffern. Alles gründlich mischen, dann zu einem brotähnlichen Laib formen.

3 Das Olivenöl in einen Bräter geben. Den Hackbraten hineinlegen. Im auf 200 Grad vorgeheizten Ofen auf der zweituntersten Rille 20 Minuten anbraten.

4 Inzwischen die Zwiebel schälen und fein hacken. Die Karotten schälen, den Stangensellerie rüsten und beides klein würfeln.

5 Die Zwiebel sowie die Hälfte der Karotten- und Selleriewürfel rund um den Hackbraten verteilen. Etwa die Hälfte der Milch beifügen und den Rosmarinzweig dazulegen. Den Hackbraten weitere 40 Minuten braten; dabei nach und nach mit der restlichen Milch übergiessen. Nicht erschrecken: Die Milch gerinnt während des Garens!

6 Inzwischen die restlichen Karotten- und Selleriewürfelchen in wenig Olivenöl knapp weich dünsten. Beiseite stellen.

7 Den Hackbraten herausnehmen und in Alufolie wickeln. Im ausgeschalteten Ofen warm stellen. Die Gemüsesauce durch ein Sieb in ein Pfännchen abgiessen, dabei das Gemüse gut ausdrücken. Den Weisswein beifügen und aufkochen. Butter und Mehl mit einer Gabel verkneten. In die leicht kochende Sauce geben, so dass diese leicht bindet. Die separat gedünsteten Gemüsewürfelchen beifügen. Die Sauce abschmecken und noch 3–4 Minuten leicht kochen lassen. Nach Belieben kann sie mit etwas Rahm vefeinert werden.

Wenn man für weniger/mehr Gäste kocht

- Für 2–3 Personen: Die Zutatenmengen mit Ausnahme der Garflüssigkeit halbieren. Von der Milch zum Begiessen des Hackbratens benötigt man 300–400 ml, vom Weisswein für die Sauce etwa 75 ml. Wichtig: Die Gesamtgarzeit verkürzt sich bei einem kleineren Hackbraten je nach Form des Fleischlaibes um etwa 10–15 Minuten.
- Mehr Gäste: Die Rezeptzutaten mit Ausnahme der Garflüssigkeit der Gästezahl entsprechend vervielfachen. Von

der Milch zum Begiessen des Hackbratens sowie vom Weisswein für die Sauce braucht man hingegen auch bei Verdoppelung oder noch grösserer Menge nur etwa das Anderthalbfache bzw. Zweifache der Zutaten.

Was man vorbereiten kann

- Der Hackbraten kann bis und mit Punkt 2 bereits am Vorabend bereitgestellt werden.
- Den Hackbraten nach Belieben etwa 1½ Stunden vor Eintreffen der Gäste braten und die Sauce fertig stellen. Vor dem Servieren in der Sauce nochmals 10 Minuten gut erhitzen.

Safranreisküchlein

Ein eher trockener Risotto ist die Basis für die kleinen Reisküchlein. Sie können auch mit Resten eines Risottos zubereitet werden. Nach Belieben kann man unter die Reismasse etwas gehacktes Basilikum geben.

Für 4 Personen

1 Schalotte
2 Esslöffel Olivenöl zum Dünsten
200 g Risottoreis (z.B. Carnaroli, Arborio, Vialone)
50 ml Weisswein
ca. 400 ml Hühnerbouillon
1 Briefchen Safran
2 Eigelb
30 g frisch geriebener Parmesan
3–4 Esslöffel Olivenöl zum Braten

1 Die Schalotte schälen und fein hacken. In einer Pfanne im heissen Olivenöl hellgelb dünsten.
2 Den Reis beifügen und kurz mitrösten, bis die Körner mit einem Fettfilm überzogen sind und zu knistern beginnen. Den Weisswein dazugiessen und unter Rühren vollständig einkochen lassen.
3 Nun die Bouillon und den Safran beifügen. Den Risotto unter häufigem Rühren etwa 18–20 Minuten kochen; er soll alle Flüssigkeit aufgenommen haben und noch bissfest sein. Vom Feuer nehmen.
4 Die Eigelbe und den Parmesan unter den Reis rühren. Vollständig erkalten lassen.
5 Mit leicht bemehlten Händen aus der Reismasse Kugeln formen, dann diese flach drücken, so dass Küchlein entstehen.
6 In einer beschichteten Bratpfanne das Olivenöl erhitzen. Die Reisküchlein hineingeben und beidseitig nicht zu heiss golden braten.

Wenn man für weniger/mehr Gäste kocht
Die Rezeptmenge kann ohne Einschränkung halbiert oder vervielfacht werden.

Was man vorbereiten kann
Die Reisküchlein können bis aufs Formen und Braten bereits am Vortag zubereitet werden (Punkt 1–4). Die Reismasse etwa 1 Stunde vor Eintreffen der Gäste zu Küchlein formen; gut zudecken, jedoch nicht mehr in den Kühlschrank geben. Gleichzeitig mit dem Fertigstellen der Sauce für den Hackbraten werden die Küchlein gebraten.

Schokolade-Aprikosen-Parfait

Dieses zartschmelzende gefrorene Parfait besteht aus einer aromatischen Schokoladeglace und einer Rahmglace mit Dörraprikosenwürfelchen. Es kann auch in Portionenformen zubereitet, gestürzt und nach Belieben mit einem Aprikosenkompott serviert werden.

Ergibt etwa 8 Portionen

Schokoladeglace:
125 g dunkle Schokolade
300 ml Milch
4 Eigelb
60 g Zucker
150 ml Rahm

Aprikosenglace:
125 g Dörraprikosen
4 Eigelb
75 ml Wasser
150 g Zucker
nach Belieben etwas Aprikosenlikör (Abricotine) zum Parfümieren
150 ml Rahm

1 Die Schokolade klein hacken. Mit der Milch in einen Topf geben und unter Rühren langsam schmelzen. Beiseite stellen.
2 Eigelbe und Zucker zu einer hellen, dicklichen Creme aufschlagen.
3 Die Schokolademilch nochmals erhitzen. Heiss zur Eicreme rühren. In den Topf zurückgeben und unter Rühren vor den Siedepunkt bringen, jedoch nicht kochen lassen, sonst gerinnt das Eigelb. Durch ein feinmaschiges Sieb giessen und erkalten lassen.
4 Den Rahm steif schlagen. Unter die Schokoladecreme ziehen. Diese in eine kalt ausgespülte Puddingform oder

Schokolade-Aprikosen-Parfait

in eine mit Klarsichtfolie ausgelegte Cake- oder Terrinenform füllen und im Tiefkühler etwa 1 Stunde anfrieren lassen.

5 Inzwischen die Dörraprikosen klein würfeln. In eine Schüssel geben und mit so viel kochendem Wasser übergiessen, dass sie gut bedeckt sind. 15–20 Minuten einweichen lassen. Dann abschütten und sehr gut ausdrücken.

6 Die Eigelbe zu einer hellen Masse schlagen.

7 Wasser und Zucker zusammen aufkochen. Kochend heiss unter kräftigem Rühren zur Eimasse giessen. 10 Minuten weiterschlagen, bis die Masse augekühlt, dick und sehr hell geworden ist.

8 Den Rahm steif schlagen. Unter die Eicreme ziehen. Dann die Aprikosen untermischen. Die Masse auf die halbgefrorene Schokoladeglace geben. Das Parfait mindestens 4 Stunden gefrieren lassen.

9 Zum Servieren bei Verwendung einer Puddingform diese kurz in heisses Wasser stellen, dann das Parfait auf eine Platte stürzen. Aus einer mit Klarsichtfolie ausgekleideten Form kann das Parfait direkt gestürzt und die Folie abgezogen werden.

Wenn man für weniger/mehr Gäste kocht

Die Rezeptmenge kann ohne Einschränkung halbiert oder vervielfacht werden.

Was man vorbereiten kann

Das Parfait kann bis zu 1 Woche im Voraus zubereitet werden. Nach dem Einfrieren gut in Alufolie verpacken, damit es keinen Fremdgeschmack annimmt. Rechtzeitig aus dem Tiefkühler nehmen und im Kühlschrank antauen lassen.

Menü 14

Zum Auftakt:
Stangenselleriesuppe mit geräucherter Entenbrust

Das Hauptgericht:
Kalbshaxe mit Majorankartoffeln und Gemüse

Zum Dessert:
Soufflé glacé Grand Marnier

Stangenselleriesuppe mit geräucherter Entenbrust

Nicht nur der zartgrüne Stangensellerie, auch sein Verwandter, der Knollensellerie, kann auf die gleiche Weise als Suppe zubereitet werden. Unbedingt den mit Mascarpone vermischten Gorgonzola und nicht den reinen Gorgonzola verwenden, da das Aroma des Blauschimmelkäses sonst alle anderen Zutaten überdecken würde. Anstelle von geräucherter Entenbrust kann man auch Rohschinken nehmen.

Für 4–6 Personen

1 kleine Staude Stangensellerie
2 Schalotten
1 Esslöffel Butter
100 ml weisser Portwein
ca. $^3/_4$ l Hühnerbouillon
50 g in dünne Scheiben geschnittene geräucherte Entenbrust
100 ml Rahm
75 g Mascarpone-Gorgonzola
Salz, schwarzer Pfeffer aus der Mühle

1 Die Stangenselleriezweige waschen. Zarte, hellgrün-gelbliche Blätter beiseite legen. Die restlichen Blätter entfernen. Von den grossen Selleriestielen von der Wurzel zum Blattansatz die zähe Schale – ähnlich wie beim Rhabarber – mit Hilfe eines Messers abziehen. Die Stiele in kleine Stücke schneiden.
2 Die Schalotten schälen und fein hacken.
3 In einem Topf die Butter schmelzen. Die Schalotten darin hellgelb dünsten. Den Stangensellerie beifügen und kurz mitdünsten. Mit dem Portwein ablöschen und die Bouillon dazugiessen. Die Suppe zugedeckt kochen lassen, bis das Gemüse weich ist (15–20 Minuten).
4 Von der geräucherten Entenbrust den Fettrand wegschneiden. Das Fleisch in Streifchen schneiden. Die beiseite gelegten Sellerieblätter hacken.
5 Die Suppe im Mixer oder mit dem Stabmixer fein pürieren; wenn nötig durch ein Sieb passieren. Den Rahm und den Mascarpone-Gorgonzola beifügen und die Suppe unter Rühren mit dem Schwingbesen oder Aufschlagen mit dem Stabmixer aufkochen. Mit Salz und Pfeffer abschmecken.
6 Die Suppe in tiefen Tellern oder Tassen anrichten und mit den Entenbruststreifen sowie etwas Sellerieblättern bestreuen. Sofort servieren.

Wenn man für weniger/mehr Gäste kocht
Die Rezeptmenge kann ohne Einschränkung halbiert oder vervielfacht werden.

Was man vorbereiten kann
Die Suppe kann bis und mit Punkt 5 bereits am Vorabend zubereitet und kalt gestellt werden. Kurz vor dem Servieren nochmals 5 Minuten gut durchkochen lassen, dann anrichten.

Kalbshaxe mit Majorankartoffeln und Gemüse

Viele Leute kennen nur die als «Ossobucco» weltberühmt gewordenen dicken Scheiben von der Kalbshaxe. Eine ganze Kalbshaxe ist aber mindestens so einfach in der Zubereitung und bleibt sehr saftig. In diesem Rezept wird sie zusammen mit kleinen Zwiebelchen, Karotten und Kartoffeln im Ofen gebraten.

Stangenselleriesuppe mit geräucherter Entenbrust

Für 4 Personen

1 Zwiebel
2 Knoblauchzehen
1 Karotte
¼ kleine Sellerieknolle
1 ganze Kalbshaxe, vorzugsweise Hinterhaxe, 1–1,2 kg schwer (evtl. beim Metzger vorbestellen)
Salz, schwarzer Pfeffer aus der Mühle
3 Esslöffel Olivenöl
¼ l Weisswein
½ l Hühner- oder Fleischbouillon
1 Lorbeerblatt
2 Gewürznelken
½ Bund Majoran

Gemüse:
200 g Saucenzwiebelchen
2 Karotten
800 g eher festkochende grosse Kartoffeln (z. B. Granola oder Nicola)

½ Bund frischer Majoran
ca. 80 g Butter

1 Den Backofen auf 180 Grad vorheizen.
2 Die Zwiebel schälen und in Viertel schneiden. Den Knoblauch schälen und halbieren. Die Karotte schälen und der Länge nach vierteln. Den Sellerie schälen und in Stücke schneiden.
3 Die Kalbshaxe salzen und pfeffern. In einem Bräter im heissen Öl rundum kräftig anbraten. Das vorbereitete Gemüse beifügen und kurz mitbraten. Mit dem Weisswein ablöschen und diesen kurz einkochen lassen. Die Bouillon dazugiessen. Lorbeerblatt, Nelken und Majoranzweige beifügen.
4 Die Kalbshaxe in den vorgeheizten Ofen auf die unterste Rille geben. Bei 180 Grad unter häufigem Übergiessen mit Bratenjus gut 1 Stunde braten.
5 Inzwischen die Saucenzwiebelchen 1 Minute in kochendes Wasser geben, abschütten und sofort kalt abschrecken. Den Wurzelansatz wegschneiden; nun lassen sich die Zwiebelchen problemlos aus der Haut drücken.

Kalbshaxe mit Majorankartoffeln und Gemüse

6 Die Karotten schälen, der Länge nach vierteln, dann in etwa 2 cm lange Stücke schneiden.
7 Die Kartoffeln schälen. Mit dem Kugelausstecher Bällchen ausstechen (die Kartoffelreste werden nicht verwendet). In Salzwasser oder über Dampf 5 Minuten vorkochen.
8 Nach einer guten Stunde Garzeit das Bratgemüse sowie Nelken und Lorbeerblatt entfernen. Zwiebelchen, Karotten und Kartoffelkugeln beifügen. Die Kalbshaxe weitere 1/2–3/4 Stunde unter Begiessen braten; sie ist gar, sobald sich das Fleisch vom Knochen zu lösen beginnt.
9 Den Majoran fein hacken.
10 Etwa 1/4 Liter des Bratenjus in ein Pfännchen giessen. Den Majoran beifügen und die Butter in Flocken zur Sauce geben. Wenn nötig nachwürzen. Die Sauce über die Kartoffeln und das Gemüse giessen.

Wenn man für weniger/mehr Gäste kocht
Kleinere ganze Haxen gibt es nicht. Fleischreste lassen sich jedoch an einer Zwiebelrahmsauce gratinieren – das ergibt gleich ein zweites Festessen. Für eine grössere Gästezahl zwei oder mehr Haxen zubereiten; in diesem Fall eventuell die Kartoffeln, Karotten und Saucenzwiebelchen separat auf der Herdplatte kochen und am Schluss wie unter Punkt 10 beschrieben verfeinern.

Was man vorbereiten kann
Die Haxe hat eine Bratzeit von 1 1/2–1 3/4 Stunden und gibt nicht viel Arbeit; sie sollte frisch genossen und nicht aufgewärmt werden. Hingegen können Kartoffeln, Karotten und Saucenzwiebelchen etwa 2–3 Stunden vor dem Servieren vorgekocht werden.

Soufflé glacé Grand Marnier

Diese weltberühmte Glacespezialität ist ein Klassiker unter den Desserts. Sie verdankt ihren Namen dem ebenso bekannten französischen Orangenlikör Grand Marnier, mit dem die Grundmasse parfümiert wird.

Ergibt 4 Portionen

4 Eigelb
abgeriebene Schale von 1/2 Orange
50 ml Orangensaft
100 g Zucker
4 Esslöffel Grand Marnier
1/4 l Rahm
Kakaopulver zum Bestreuen

1 Die Eigelbe in einer Schüssel mit dem Handrührgerät so lange schlagen, bis eine helle Creme entstanden ist.
2 In einem kleinen Pfännchen Orangenschale und -saft zusammen mit dem Zucker aufkochen. Auf kleinem Feuer 2–3 Minuten kochen lassen. Dann den Orangensirup heiss unter stetem Rühren mit dem Handrührgerät zur Eicreme giessen und die Masse etwa 10 Minuten (!) weiterschlagen, bis eine dicke Creme entstanden ist. Den Grand Marnier beifügen und alles nochmals 5 Minuten schlagen.
3 Den Rahm steif schlagen. Sorgfältig unter die Eicreme ziehen.
4 4 Soufflé-Portionenformen oder Tassen bereitstellen. Aus leichtem Karton oder doppelt gefaltetem Backpapier eine Manschette formen und diese so um die Förmchen legen, dass sie 2–3 cm über den Rand der Form ragt. Mit Küchenschnur oder mit Klebstreifen fixieren. Die Grand-Marnier-Creme bis zum oberen Rand der Manschetten einfüllen. Mindestens 4 Stunden gefrieren lassen.
5 Das Soufflé glacé Grand Marnier etwa 20 Minuten vor dem Anrichten aus dem Tiefkühler nehmen, die Papiermanschette entfernen und das Eissoufflé im Kühlschrank leicht antauen lassen. Vor dem Servieren mit Kakaopulver bestreuen. Nach Belieben kann man mit einem Löffel eine kleine Höhlung in das Eissoufflé stechen, in die man etwas Grand Marnier giesst.

Wenn man für weniger/mehr Gäste kocht
Die Rezeptmenge kann ohne Einschränkung halbiert oder vervielfacht werden.

Was man vorbereiten kann
Die Eissoufflés können bis zu einer Woche im Voraus zubereitet werden. Nach dem Einfrieren gut in Alufolie verpacken, damit sie kein Fremdaroma annehmen. Rechtzeitig aus dem Tiefkühler nehmen und im Kühlschrank leicht antauen lassen.

Menü 15

Zum Auftakt:
Erbsencremesuppe mit Karotten

Das Hauptgericht:
Glasierter Bourbon-Schinken
Kartoffelterrine

Zum Dessert:
Glühweinbirnen mit weisser Lebkuchenmousse

Erbsencremesuppe mit Karotten

Für 6 Personen

1 kg Erbsen in der Schote oder 300 g tiefgekühlte Erbsen
1 Schalotte
20 g Butter
1/2 l Gemüse- oder Hühnerbouillon
1 grosse Karotte
75 g Speckwürfelchen
200 ml Rahm
Salz, Pfeffer
einige Tropfen Zitronensaft

1 Die Erbsen aus den Schoten lösen. Tiefgekühlte Erbsen können gefroren verwendet werden.
2 Die Schalotte schälen und fein hacken. In der Butter hellgelb dünsten. Die Erbsen beifügen. Mit der Bouillon ablöschen. Alles aufkochen und die Erbsen zugedeckt weich kochen.
3 Inzwischen die Karotte schälen und klein würfeln.
4 Die Speckwürfelchen langsam im eigenen Fett hellbraun braten. Die Karottenwürfel beifügen und unter Wenden 4–5 Minuten dünsten. Beiseite stellen.
5 Etwa ein Fünftel der gekochten Erbsen mit einer Schaumkelle aus der Suppe nehmen und zu der Karotten-Speck-Mischung geben. Die restlichen Erbsen mitsamt Flüssigkeit fein pürieren.
6 Den Rahm in die Suppe geben und diese nochmals aufkochen. Mit Salz, Pfeffer und Zitronensaft abschmecken.
7 Die Gemüse-Speck-Mischung in vorgewärmte Suppenteller oder -tassen verteilen und die heisse Suppe darüber anrichten.

Wenn man für weniger/mehr Gäste kocht
Die Rezeptmenge kann ohne Einschränkung halbiert oder vervielfacht werden.

Was man vorbereiten kann
Die Suppe mitsamt Einlage kann 1/2 Tag im Voraus fertig gestellt werden. Man muss sie vor dem Servieren nur noch einmal gut durchkochen.

Glasierter Bourbon-Schinken

Einfach, aber fein: Mit einer Whisky-Honig-Marinade bestrichen, wird dieser Schinken im Ofen langsam gegart. Wichtig ist, dass man einen bereits vorgekochten Schinken verwendet; fragen Sie bei Ihrem Metzger danach.

Für 6 Personen

50 ml Bourbon Whisky
2 Esslöffel Rohrzucker
3 Esslöffel Waldhonig
1 gestrichener Teelöffel englisches Senfpulver
1–1,2 kg Milch- oder Rollschinken, vorgekocht
10–12 Nelken

1 Den Ofen auf 250 Grad vorheizen.
2 Den Whisky mit dem Rohrzucker, dem Waldhonig und dem Senfpulver zu einer Marinade verrühren.
3 Den Schinken in eine feuerfeste Form geben und mit den Nelken bestecken. Gleichmässig mit Marinade bestreichen. Die Ofentemperatur auf 180 Grad reduzieren und den Schinken auf die zweitunterste Rille geben. 1 Stunde braten; dabei alle 15 Minuten mit der Marinade bestreichen.

Erbsencremesuppe mit Karotten

4 Den Schinken aus dem Ofen nehmen, in Alufolie wickeln und vor dem Servieren 10–15 Minuten ruhen lassen. Nach Belieben ein Chutney oder Senffrüchte dazu servieren.

Kartoffelterrine

Hauchdünn gescheibelte Kartoffeln werden zusamen mit Pinienkernen in eine Cakeform geschichtet und in Rahm langsam gebacken. Wichtig für das gute Gelingen des Gerichts ist die Verwendung von möglichst mehligkochenden Kartoffeln, die den Rahm vollständig aufsaugen.

Für 6 Personen

Ca. 400 ml Rahm
1 gehäufter Teelöffel Speisestärke
1 kg mehligkochende Kartoffeln
2 gehäufte Esslöffel Pinienkerne
Salz, schwarzer Peffer
aus der Mühle
1 Prise frisch geriebene Muskatnuss

1 In einer grossen Schüssel Rahm und Speisestärke verrühren.
2 Die Kartoffeln schälen. Auf einem Gemüsehobel in feinen Scheiben zum Rahm reiben. Man kann die Kartoffeln auch mit einem scharfen Messer in möglichst dünne Scheibchen schneiden.
3 Die Pinienkerne in einer trockenen Pfanne ohne Fettzugabe leicht rösten. Mit den Kartoffeln mischen. Alles mit Salz, Pfeffer und Muskatnuss pikant würzen.
4 Eine Terrinen- oder Cakeform von etwa 1,5 Liter Inhalt sehr grosszügig ausbuttern. Die Kartoffelscheiben abgetropft in die Form schichten und leicht zusammenpressen. Mit dem übrig gebliebenen Rahm begiessen; die Kartoffeln sollen mit Rahm knapp bedeckt sein.
5 Die Kartoffelterrine im auf 180 Grad vorgeheizten Ofen auf der zweituntersten Rille neben dem Schinken etwa 1 Stunde backen. Wenn nach der Hälfte der Backzeit der Rahm von den Kartoffeln bereits aufgenommen ist, etwas Rahm nachgiessen.
6 Die Terrine aus dem Ofen nehmen und vor dem Aufschneiden 10 Minuten stehen lassen. Dann aus der Form stürzen und in Tranchen schneiden.

Wenn man für weniger/mehr Gäste kocht
Die Rezeptmenge kann problemlos halbiert werden. Bei doppelter bzw. vielfacher Menge sollte man zwei oder mehr Terrinen zubereiten; wenn sie zu gross sind, fallen sie beim Stürzen gerne auseinander.

Glasierter Bourbon-Schinken mit Kartoffelterrine

Was man vorbereiten kann
Man kann die Terrine 2–3 Stunden im Voraus etwa 40 Minuten vorbacken. 20–30 Minuten vor dem Servieren wieder in den Ofen neben den Schinken geben und fertig garen.

Glühweinbirnen mit weisser Lebkuchenmousse

Birnenhälften werden in Glühwein gegart und mit einer Mousse aus weisser Schokolade, Lebkuchengewürz, Rum und Rahm serviert. Auf die gleiche Weise können auch Äpfel, Pfirsiche, rote Pflaumen oder Zwetschgen zubereitet werden.

Für 4–6 Personen

4–6 Birnen
300 ml Rotwein
75 g Zucker
1 Zimtstange
1 Prise frisch geriebene Muskatnuss
2 Prisen gemahlener Kardamom
1 Prise Ingwerpulver
4 Gewürznelken
1 Zitrone
1 Orange

Mousse:
150 g weisse Schokolade
1 Blatt Gelatine
1 Ei
1 Eigelb
3/4 Teelöffel Lebkuchengewürz
2 Esslöffel weisser Rum
1/4 l Rahm

1 Die Birnen schälen, dabei den Stiel an den Früchten lassen. Die Birnen der Länge nach mitten durch den Stiel halbieren, das Kerngehäuse ausstechen.
2 Rotwein, Zucker und alle Gewürze in eine weite Pfanne geben. Die Schale der Zitrone und Orange mit einem Zestenmesser in dünnen Streifchen ablösen. Man kann die Schale auch mit einem Sparschäler abschneiden und anschliessend mit einem scharfen Messer in feine Streifchen schneiden. Den Saft der Früchte auspressen. Schalenstreifchen und Saft zu den übrigen Zutaten geben. Alles aufkochen und auf kleinem Feuer 5 Minuten sanft kochen lassen.
3 Die Birnenhälften in den Glühwein geben und weich kochen; je nach Sorte und Reifegrad der Früchte dauert dies 5–15 Minuten. Im Sud auskühlen lassen.
4 Für die Mousse die Schokolade in einem nicht zu heissen Wasserbad schmelzen lassen.
5 Die Gelatine in kaltem Wasser einweichen.
6 Ei und Eigelb über einem heissen Wasserbad zu einer hellen, dicklichen Creme aufschlagen. Zur geschmolzenen Schokolade geben. Das Lebkuchengewürz unterrühren.
7 Die Gelatine gut ausdrücken. Mit dem Rum in ein Pfännchen geben und schmelzen. Unter die noch warme Schokolademasse rühren. Leicht abkühlen lassen.
8 Den Rahm steif schlagen. Unter die Schokoladecreme ziehen. Die Mousse vor dem Servieren mindestens 3 Stunden kühl stellen.
9 Zum Servieren die Birnen aus dem Sud nehmen und die Hälften fächerartig einschneiden. Dekorativ auf Tellern anrichten. Von der Mousse mit Hilfe von zwei Löffeln Nocken abstechen und neben den Birnen anrichten.

Wenn man für weniger/mehr Gäste kocht
Wird die Rezeptmenge halbiert, den Birnensud dennoch in der angegebenen Menge zubereiten, damit genügend Garflüssigkeit vorhanden ist. Keine Einschränkungen bestehen beim Vervielfachen der übrigen Rezeptzutaten.

Was man vorbereiten kann
Mousse und Birnen können bereits am Vorabend zubereitet werden.

Glühweinbirnen
mit weisser Lebkuchenmousse

Menü 16

Zum Auftakt:
Tatar von geräuchertem Forellenfilet

Das Hauptgericht:
Kalbscurry mit Ingwerzwiebeln
Reis mit Lauch und Nüssen

Zum Dessert:
Rumparfait mit Jamaica-Bananen

Tatar von geräuchertem Forellenfilet

Kleine Würfelchen von geräucherten Forellenfilets und Salatgurke werden an einer leichten Meerrettichsauce serviert. Im Sommer kann man zusätzlich Würfelchen von zwei festen, entkernten Tomaten beifügen.

Für 4 Personen

4 geräucherte Forellenfilets
1 Frühlingszwiebel
½ Salatgurke
1 Bund Schnittlauch
4 Esslöffel Crème fraîche
1 Esslöffel Meerrettichpaste aus dem Glas oder der Tube
Salz, schwarzer Pfeffer aus der Mühle
50 ml Rahm

1 Die Forellenfilets in kleine Würfel schneiden.
2 Die Frühlingszwiebel rüsten; schöne Stängelteile mitverwenden. Das Weisse der Frühlingszwiebel fein hacken, das Grün in feinste Ringe schneiden.
3 Die Gurke schälen, der Länge nach halbieren, entkernen und in kleinste Würfelchen schneiden.
4 Den Schnittlauch in Ringlein schneiden.
5 Die Crème fraîche und die Meerrettichpaste verrühren, mit Salz und Pfeffer würzen. Forellenwürfelchen, Frühlingszwiebel, Gurke sowie Schnittlauch beifügen und alles sorgfältig mischen.
6 Den Rahm steif schlagen. Unter das Tatar ziehen und dieses wenn nötig nachwürzen.

Tatar von geräuchertem Forellenfilet

7 Das Forellentatar auf Pumpernickelscheiben oder Toastecken anrichten. Oder aus dem Tatar mit Löffeln Nocken formen und auf Teller setzen. Nach Belieben einen kleinen Salat dazu anrichten. Als Beilage serviert man Toast oder Pumpernickel.

Wenn man für weniger/mehr Gäste kocht
Die Rezeptmenge kann ohne Einschränkung halbiert oder vervielfacht werden.

Was man vorbereiten kann
Das Tatar kann bis und mit Punkt 5 ½ Tag im Voraus zubereitet werden. Den

Rahm jedoch erst kurz vor dem Servieren unterziehen.

Kalbscurry mit Ingwerzwiebeln

Curry und Kalbfleisch harmonieren sehr gut miteinander. Verwenden Sie jedoch einen milden Curry, um das zarte Aroma des Kalbfleischs nicht zu übertönen. Als Beilage zum Ragout, das man übrigens auch mit Schweine- oder Rindfleisch zubereiten kann, gibt es mit frischem Ingwer gebratene Zwiebeln.

Kalbscurry mit Ingwerzwiebeln

Für 4 Personen

Kalbscurry:
2 Karotten
1/2 kleiner Knollensellerie
1 Zwiebel
2 Lorbeerblätter
2 Nelken
800 g–1 kg Kalbsragout
Salz, schwarzer Pfeffer aus der Mühle
2 Esslöffel Bratbutter
1 gehäufter Esslöffel milder Curry
100 ml weisser Portwein oder Noilly Prat (trockener Wermut)
ca. 400 ml Kalbsfond oder leichte Hühnerbouillon

Ingwerzwiebeln:
250 g Zwiebeln
2 Knoblauchzehen
15 g frischer Ingwer
1 Esslöffel Bratbutter

30 g weiche Butter
1 Esslöffel Mehl
1/2 Bund Schnittlauch

1 Den Backofen auf 220 Grad vorheizen.
2 Karotten und Sellerie schälen. Die Karotten der Länge nach vierteln, dann in etwa 3 cm lange Stücke schneiden. Den Sellerie in Streifen schneiden. Die Zwiebel schälen, halbieren und in Streifen schneiden. Jedes Lorbeerblatt mit einer Nelke bestecken.
3 Das Kalbsragout mit Salz und Pfeffer würzen. In einem Bräter die Bratbutter erhitzen. Das Fleisch darin in 2–3 Portionen rundum anbraten.
4 Karotten, Sellerie und Zwiebel zum Bratensatz geben. Den Curry beifügen und alles kurz leicht rösten. Das Fleisch wieder beifügen. Den Portwein oder Noilly Prat sowie die Bouillon dazu-

giessen. Die Lorbeerblätter dazulegen. Alles aufkochen.

5 Den Bräter zugedeckt auf die zweitunterste Rille des vorgeheizten Ofens geben. Die Hitze auf 160 Grad reduzieren und das Ragout etwa 2 Stunden leise schmoren lassen.

6 Inzwischen die Zwiebeln für die Gemüsebeilage schälen und je nach Grösse in Viertel oder Sechstel schneiden. Den Knoblauch und den Ingwer schälen und beides fein hacken. In der Bratbutter unter häufigem Wenden knapp weich dünsten; die Zutaten dürfen dabei leicht Farbe annehmen, jedoch darauf achten, dass der Knoblauch nicht verbrennt! Beiseite stellen.

7 Die Butter und das Mehl mit einer Gabel verkneten.

8 Wenn das Fleisch so weich ist, dass es sich mit einer Gabel zerteilen lässt, das Ragout aus dem Ofen nehmen und auf die Herdplatte stellen. Einmal aufkochen. Die Mehlbutter flockenweise beifügen; die Sauce soll leicht binden. Mit Salz, Pfeffer und Curry abschmecken.

9 Gleichzeitig die Ingwerzwiebeln nochmals erhitzen und über das fertige Kalbscurry geben. Den Schnittlauch mit einer Schere darüberschneiden.

Wenn man für weniger/mehr Gäste kocht

• Für 2–3 Personen: Die Zutatenmengen können problemlos halbiert werden.

• Mehr Gäste: Die Rezeptmenge mit Ausnahme der Garflüssigkeit (Kalbsfond oder Bouillon) der Gästezahl entsprechend vervielfachen. Für die Garflüssigkeit braucht man hingegen auch bei Verdoppelung oder noch grösseren Mengen nur etwa das Anderthalb- beziehungweise höchstens Zweifache.

Was man vorbereiten kann

Das Kalbscurry und die Ingwerzwiebeln lassen sich etwa 1/2 Tag im Voraus fertig stellen und brauchen vor dem Servieren nur noch etwa 10–15 Minuten durchgekocht zu werden. Die Zwiebeln gemäss Punkt 8 erhitzen.

Reis mit Lauch und Nüssen

Trockenreis wird mit knackig gedünsteten Lauchringen sowie gerösteten Pinienkernen gemischt – sieht attraktiv aus und passt ausgezeichnet zu Currygerichten. Anstelle von Pinienkernen kann man auch Mandelstifte oder blättrig geschnittene Haselnusskerne verwenden.

Für 4 Personen

200 g Langkornreis (Parboiled)
30 g Pinienkerne
1 kleine Stange Lauch
40 g Butter

1 In einem Topf reichlich Salzwasser aufkochen. Den Reis hineingeben und auf mittlerem bis kleinerem Feuer etwa 15 Minuten nur gerade knapp bissfest garen. In ein grosses Sieb abschütten und gründlich kalt abschrecken, damit der Reis nicht zusammenklebt.

2 Während der Reis kocht, die Pinienkerne in einer trockenen Pfanne ohne Fettzugabe leicht rösten.

3 Den Lauch rüsten und in Ringe schneiden. In einer weiten Pfanne die Butter schmelzen. Den Lauch beifügen und unter Wenden knackig dünsten.

4 Den Reis und die Pinienkerne dazugeben, alles mischen und nur noch gut heiss werden lassen.

Wenn man für weniger/mehr Gäste kocht

Die Rezeptmenge kann ohne Einschränkung halbiert oder vervielfacht werden.

Was man vorbereiten kann

Der Reis kann 1/2 Tag im Voraus gekocht werden; bis zur Verwendung kühl stellen. Pinienkerne rösten; den Lauch rüsten, schneiden und in einem Frischhaltebeutel im Gemüsefach aufbewahren. Den Reis kurz vor dem Servieren gemäss Punkt 3–4 fertig stellen.

Rumparfait mit Jamaica-Bananen

Weisser Rum verleiht diesem Eiscake sein Aroma; er ist feiner im Geschmack als der würzig-süsse braune Rum. Als Beilage serviert man in Rum, Zitronensaft und Zimtzucker gedünstete Bananen. Gut passt auch eine Mango- oder Passionsfruchtsauce (Rezept Seite 61), Orangenkompott (Rezept Seite 56) oder Aprikosen-Confit (Rezept Seite 42).

Ergibt 6 Portionen

Parfait:
3 Eigelb
50 g Zucker
300 ml Rahm
75 ml weisser Rum
2 Eiweiss
25 g Puderzucker

Bananen:
2 Esslöffel Rosinen

Rumparfait mit Jamaica-Bananen

- 50 ml brauner Rum
- 6 kleine Bananen
- Saft von 1 Zitrone
- 75 g Zucker
- 1 Esslöffel Butter
- ¼ Teelöffel Zimt

1 Die Eigelbe mit dem Zucker und zwei Esslöffel heissem Wasser zu einer hellen, dicklichen Creme aufschlagen. Wichtig: Der Zucker soll sich dabei vollständig auflösen.

2 Den Rahm steif schlagen und zusammen mit dem Rum unter die Eicreme ziehen.

3 Die Eiweiss steif schlagen. Dann unter Weiterrühren löffelweise nach und nach den Puderzucker einrieseln lassen; es soll eine glänzende feste Masse entstehen. Die Hälfte des Eischnees mit dem Schwingbesen unter die Rumcreme rühren, den Rest mit einem Gummispachtel unterziehen.

4 Die Rumcreme in eine mit Klarsichtfolie ausgelegte beschichtete Cakeform füllen und mindestens 4 Stunden gefrieren.

5 Die Rosinen und den Rum mischen und etwa 30 Minuten ziehen lassen.

6 Die Bananen schälen und der Länge nach halbieren. Sofort mit dem Zitronensaft bepinseln.

7 Zucker und Butter in einer weiten Bratpfanne auf kleinem Feuer langsam schmelzen. Die Bananen hineingeben und kurz braten, dabei einmal wenden. Die Rosinen mitsamt Rum beifügen und die Bananen mit Zimt würzen. Noch so lange weiter kochen lassen, bis sich der Zucker aufgelöst hat.

8 Das Parfait in Tranchen schneiden und mit je zwei Bananenhälften und etwas Jus auf Tellern anrichten. Sofort servieren.

Wenn man für weniger/mehr Gäste kocht

Die Rezeptmenge kann ohne Einschränkung halbiert oder vervielfacht werden.

Was man vorbereiten kann

Das Rumparfait kann etwa eine Woche im Voraus zubereitet werden. Rechtzeitig aus dem Kühlschrank nehmen und im Kühlschrank leicht antauen lassen. Die Rosinen für die Bananen können einige Stunden im Voraus eingelegt werden. Die Bananen selber jedoch dürfen erst kurz vor dem Servieren zubereitet werden.

Unkompliziert und schnell

Menü 17

Zum Auftakt:
Grapefruit mit Krabbenfleisch

Das Hauptgericht:
Pouletbrüstchen mit Tomatenbutter-kruste Safranrisotto mit Rucola

Zum Dessert:
Papaya mit Joghurtcreme

Grapefruit mit Krabbenfleisch

Krabben werden bei uns meist als Konserve oder tiefgekühlt angeboten. Das feinste Krabbenfleisch stammt von den Königskrabben (King crab). Anstelle von Krabbenfleisch können für diese raffinierte Vorspeise auch gekochte Crevetten verwendet werden.

Für 4 Personen

2 rotfleischige Grapefruits
4 zarte Zweige Stangensellerie mit schönem Grün
12 entsteinte grüne Oliven
1 Dose Krabbenfleisch (abgetropft ca. 200 g)
1 Becher nordische Sauermilch oder saurer Halbrahm (180 g)
3–4 Esslöffel Mayonnaise
1 Teelöffel Senf
1 Prise Cayennepfeffer
Salz

1 Die Grapefruits halbieren und das Fruchtfleisch aus den Trennhäuten schneiden. Die Schnitze halbieren und beiseite stellen. Die Grapefruithälften sorgfältig säubern, das heisst die Trennhäute herausschneiden. Die Schalen beiseite stellen.
2 Den Stangensellerie rüsten, dabei schönes Grün auf die Seite legen. Die Zweige in Scheibchen schneiden. Das Grün hacken.
3 Die Oliven in Scheibchen schneiden.
4 Das Krabbenfleisch in Stücke zupfen. Mit den Grapefruits, dem Stangensellerie, dem Grün und den Oliven mischen. In die Grapefruithälften füllen.
5 Sauermilch, Mayonnaise, Senf Cayennepfeffer und Salz verrühren.
6 Vor dem Servieren die Sauce über die Grapefruit-Cocktails verteilen.

Wenn man für weniger/mehr Gäste kocht
Die Rezeptmenge kann ohne Einschränkung halbiert oder vervielfacht werden.

Was man vorbereiten kann
Die Grapefruits lassen sich bis und mit Punkt 5 ½ Tag im Voraus fertig stellen. Bis zum Servieren mit Klarsichtfolie bedeckt kühl stellen.

Pouletbrüstchen mit Tomatenbutterkruste

Pouletbrüstchen werden mit einer würzigen Tomatenbutter, die übrigens auch als Beilage zu Grilladen sehr gut schmeckt, bestrichen und im Ofen kurz überbacken. Nach Belieben kann man der Tomatenbutter zusätzlich etwas gehackten Basilikum beifügen.

Für 4 Personen

80 g weiche Butter
30 g Tomatenpüree
Salz, schwarzer Pfeffer aus der Mühle
4 grosse Pouletbrüstchen
½ Bund Basilikum
2 Esslöffel schwarze Olivenpaste
2–3 Esslöffel Olivenöl
50 ml Noilly Prat (trockener Wermut)
2–3 Esslöffel Paniermehl

1 Die Butter mit dem Handrührgerät oder in der Küchenmaschine kräftig schlagen, bis sie luftig und sehr hell geworden ist. Dann das Tomatenpüree unterrühren und die Butter mit Salz und Pfeffer abschmecken.

2 In die Pouletbrüstchen waagrecht eine tiefe Tasche einschneiden. Die Taschen mit 2–3 Basilikumblättern auslegen und mit ½ Esslöffel Olivenpaste bestreichen. Mit Holzspiesschen verschliessen.
3 In einer Bratpfanne das Öl erhitzen. Die Pouletbrüstchen mit Salz und Pfeffer würzen. Im heissen Öl beidseitig je nach Dicke 3–4 Minuten anbraten. Herausnehmen und in eine feuerfeste Form geben. Abkühlen lassen.
4 Den Bratensatz mit dem Noilly Prat auflösen und gut zur Hälfte einkochen lassen. Zu den Pouletbrüstchen giessen. Diese mit der Tomatenbutter bestreichen und mit Paniermehl bestreuen.
5 Etwa 15 Minuten vor dem Servieren den Grill auf 250 Grad vorheizen.
6 Die Pouletbrüstchen in der Mitte des Ofens unter dem vorgeheizten Grill bei 250 Grad 8–10 Minuten fertig braten.
7 Die Pouletbrüstchen auf dem Risotto anrichten. Man kann sie nach Belieben auch schräg in Scheiben schneiden, auf vorgewärmten Tellern anrichten und mit der Tomatenbutter beträufeln.

Wenn man für weniger/mehr Gäste kocht
Die Rezeptmenge kann ohne Einschränkung halbiert oder vervielfacht werden.

Was man vorbereiten kann
Die Pouletbrüstchen lassen sich bis und mit Punkt 4 ½ Tag im Voraus zubereiten. Bis zum Überbacken kühl stellen.

Links Grapefruit mit Krabbenfleisch, rechts Pouletbrüstchen mit Tomatenbutterkruste auf Safranrisotto mit Rucola

Safranrisotto mit Rucola

Rucola schmeckt nicht nur als Salat ausgezeichnet, sondern ist auch ein feines Gemüse. Man darf es allerdings nur ganz kurz dünsten, sonst verliert es sein leicht pfeffriges Aroma. Nach Belieben kann man den Rucola auch durch Blattspinat ersetzen.

Für 4 Personen

1 grosse Schalotte
1 Knoblauchzehe
1 Esslöffel Butter für den Reis
2 Esslöffel Olivenöl
200 g Risottoreis (z.B. Carnaroli, Arborio, Vialone)
100 ml Weisswein
1 Briefchen Safran
ca. ½ l Hühnerbouillon
150 g Rucola
1 Esslöffel Butter für das Gemüse
Salz, schwarzer Pfeffer aus der Mühle
1 Esslöffel Butter zum Verfeinern
30 g geriebener Parmesan

1 Die Schalotte und den Knoblauch schälen und sehr fein hacken.
2 Butter und Olivenöl erhitzen. Schalotte und Knoblauch darin glasig dünsten. Den Reis beifügen und mitrösten, bis die Reiskörner knistern. Mit dem Weisswein ablöschen und unter ständigem Rühren vollständig verdampfen lassen.
3 Den Safran sowie die Hälfte der Bouillon beifügen. Häufig rühren, bis die Flüssigkeit vom Reis aufgenommen ist. Erst dann nach und nach die restliche Bouillon dazugiessen; am Schluss soll der Risotto bissfest und in der Konsistenz noch recht cremig sein.
4 Während der Reis kocht, den Rucola waschen und grob hacken. In der Butter nur so lange dünsten, bis das Gemüse zusammengefallen ist. Mit Salz und Pfeffer würzen. Beiseite stellen.
5 Wenn der Risotto «al dente», das heisst bissfest ist, den Rucola, die Butter sowie den Parmesan untermischen. Zugedeckt noch 1 Minute stehen lassen.

Papaya mit Joghurtcreme

Wenn man für weniger/mehr Gäste kocht
Die Rezeptmenge kann ohne Einschränkung halbiert oder vervielfacht werden.

Was man vorbereiten kann
Der Risotto kann bis Punkt 3 2–3 Stunden vor Eintreffen der Gäste vorgekocht werden (bis und mit Beigabe der Hälfte der Bouillon). Dann den Reis beiseite stellen. Etwa 8–10 Minuten vor dem Servieren die restliche Bouillon auf einmal zum ausgekühlten Reis geben, aufkochen lassen und nach Rezept fertig garen. Das Rucolagemüse (Punkt 4) kann ebenfalls 2–3 Stunden im Voraus zubereitet werden.

Papaya mit Joghurtcreme

Die bei uns erhältlichen Papayas stammen aus Brasilien, Venezuela, Hawaii oder Südostasien. Ist ihre Schale beim Kauf noch grün, sollte man die Früchte bei Zimmertemperatur nachreifen lassen, bis sie sich gelb verfärbt. Kleine braune Flecken haben keinen Einfluss auf die Qualität. Das Fruchtfleisch der Papayas immer mit etwas Zitronen- oder Limonensaft bestreichen oder beträufeln; es wird dadurch aromatischer.

Für 4 Personen

2 reife Papayas
Saft von 1/2 Zitrone
4 Esslöffel Johannisbeergelee
100 ml Halbrahm
2 Esslöffel selbst gemachter oder Bourbon-Vanillezucker
1 Becher Joghurt nature (180 g)

1 Die Papayas waschen, dann der Länge nach halbieren, mit einem Löffel die Kerne auslösen und das Fruchtfleisch mit dem Zitronensaft bestreichen.
2 Das Gelee in einem Pfännchen leicht erwärmen, bis es flüssig wird. Beiseite stellen.
3 Den Rahm steif schlagen. Mit dem Vanillezucker unter den Joghurt rühren. Die Creme in die Papayahälften füllen. Je die Hälfte des Gelees daraufgeben und mit einem Holzstäbchen auf der Creme auseinander ziehen. Sofort servieren.

Wenn man für weniger/mehr Gäste kocht
Die Rezeptmenge kann ohne Einschränkung halbiert oder vervielfacht werden.

Was man vorbereiten kann
Die Papayas gemäss Punkt 1 vorbereiten und mit Klarsichtfolie bedeckt beiseite stellen. Der Rest des Desserts muss unmittelbar vor dem Servieren fertig gestellt werden.

Menü 18

Zum Auftakt:
Lauwarmer Lachssalat mit Basilikum-Vinaigrette

Das Hauptgericht:
Rindsfilet an feuriger Whiskyrahmsauce
Grüne Bohnen mit Karottenstreifen

Zum Dessert:
Zitronencreme mit Himbeeren

Lauwarmer Lachssalat mit Basilikum-Vinaigrette

Dieser raffinierte Salat kann auch mit einem anderen Fisch zubereitet werden. Gut geeignet sind zum Beispiel Rotzungenfilets oder Seeteufelmedaillons. Nach Belieben die Tomaten für den Salat klein würfeln und der Basilikum-Vinaigrette beifügen.

Für 4 Personen

Ca. 75 g Rucola, zarter Spinat, Nüsslisalat (Feldsalat) oder Schnittsalat
8 Champignons
wenig Zitronensaft
4 kleine, feste Tomaten

Sauce:
1–1 1/2 Esslöffel Zitronensaft
1 Teelöffel Senf
Salz, Pfeffer aus der Mühle
4–5 Esslöffel Olivenöl
8–12 Basilikumblätter

200 g Lachsfilet, enthäutet und entgrätet gewogen
Salz, schwarzer Pfeffer aus der Mühle
1 Esslöffel Butter oder Olivenöl

1 Den Salat rüsten und gründlich waschen. Gut abtropfen lassen.
2 Die Champignons waschen, rüsten, in Scheibchen schneiden und sofort mit wenig Zitronensaft mischen, damit sie sich nicht verfärben.
3 Die Tomaten waschen und in Schnitzchen schneiden.
4 Zitronensaft, Senf, Öl, Salz und Pfeffer zu einer sämigen Sauce rühren. Das Basilikum hacken und in die Sauce geben.
5 Den Lachs in breite Streifen schneiden. Mit den Fingern nach allfälligen Gräten abtasten und diese herausziehen. Kühl stellen.
6 Kurz vor dem Servieren den Lachs mit Salz und Pfeffer würzen. In der heissen Butter oder im Olivenöl beidseitig kurz braten.
7 Die Salatblätter, die Champignons und die Tomatenschnitze dekorativ auf Tellern anrichten. Mit Sauce beträufeln. Die Lachsstreifen auf dem Salat anrichten. Ebenfalls mit Sauce beträufeln. Sofort servieren.

Wenn man für weniger/mehr Gäste kocht
Die Rezeptmenge kann ohne Einschränkung halbiert oder vervielfacht werden.

Was man vorbereiten kann
Der Salat lässt sich bis und mit Punkt 5 2–3 Stunden im Voraus zubereiten. Die Salatzutaten kühl stellen.

Rindsfilet an feuriger Whiskyrahmsauce

In diesem Rezept lässt man das Rindsfilet nach dem Anbraten langsam bei 80 Grad gar ziehen. Das ist praktisch, denn bei dieser Garmethode dürfen die Gäste beziehungsweise das Essen problemlos Verspätung haben, ohne dass das Fleisch trocken und zäh wird. Selbstverständlich kann man das Filet, eventuell zu Medaillons geschnitten, auch minutenschnell in der Pfanne braten. Die Whiskysauce passt übrigens auch gut zu Schweinsfilet oder -steaks sowie zu Lammrückfilets und Gigot.

Für 4 Personen

1 Schalotte
500–600 g Rindsfilet
Salz, schwarzer Pfeffer aus der Mühle
1 Esslöffel Bratbutter
1 Esslöffel scharfer Senf
50 ml Whisky
1 Esslöffel Butter
200 ml Kalbsfond
2 Esslöffel Ketchup
1 Esslöffel Worcestershiresauce
1/2–3/4 Teelöffel Tabasco
150 ml Rahm

Links lauwarmer Lachssalat mit Basilikum-Vinaigrette, rechts Rindsfilet an feuriger Whiskyrahmsauce, dazu grüne Bohnen mit Karottenstreifen

1 Den Ofen mindestens 10 Minuten auf 80 Grad vorheizen. Eine Gratinform und die Teller mitwärmen.
2 Die Schalotte schälen und sehr fein hacken.
3 Das Rindfleisch mit Salz und Pfeffer rundum würzen. In der sehr heissen Bratbutter von allen Seiten 5 Minuten (sehr dickes Stück: 6 Minuten) scharf anbraten. Zuletzt mit dem Senf einreiben und nochmals in der Pfanne wenden. Herausnehmen und sofort in die Gratinform geben. Im Backofen bei 80 Grad 1 1/2–1 3/4 Stunden gar ziehen lassen.
4 Den Bratensatz mit dem Whisky auflösen und durch ein Sieb giessen. Beiseite stellen.
5 Die Butter in die Pfanne geben. Die Schalotte darin andünsten. Mit dem aufgelösten Bratensatz und dem Kalbsfond ablöschen. Ketchup, Worcestershiresauce und Tabasco beifügen und alles auf knapp 75 ml einkochen lassen.
6 Den Rahm halbsteif schlagen. Vor dem Servieren unter die leicht kochende Sauce rühren und diese pikant nachwürzen. Das Rindsfilet in Scheiben schneiden, auf den vorgewärmten Tellern anrichten und mit Sauce umgiessen.

Wenn man für weniger/mehr Gäste kocht

- Für 2–3 Personen: Die Sauce mit 2–3 Esslöffeln Whisky sowie 150 ml Fond auf knapp 50 ml einkochen lassen und mit 75 ml Rahm verfeinern. Die übrigen Rezeptzutaten halbieren.
- Mehr Gäste: Bei Verdoppelung der Rezeptmenge nur das Anderthalbfache an Flüssigkeit (Whisky, Kalbsfond, Rahm), bei Vervielfachung nur die doppelte Flüssigkeitsmenge verwenden.

Was man vorbereiten kann

Die Reduktion der Sauce (Punkt 5) kann bereits am Vorabend zubereitet werden. Nach dem Anbraten gibt man dann noch den mit Whisky abgelöschten Bratensatz dazu. Brät man das Rindsfilet nur 3–4 Minuten an, kann man es bei 80 Grad 2 1/2–3 Stunden nachgaren lassen.

Grüne Bohnen mit Karottenstreifen

Farblich und geschmacklich ergänzen sich Bohnen und Karotten perfekt. In der Saison kann man die Karottenstreifen auch durch Wachsbohnen (gelbe Bohnen) ersetzen; die beiden Bohnensorten getrennt kochen, da sie unterschiedliche Garzeiten haben können.

Für 4 Personen

500 g grüne Bohnen
Salz
4 Karotten
50 g Butter
schwarzer Pfeffer aus der Mühle

1 Die Bohnen rüsten und je nach Länge eventuell halbieren. In reichlich kochendem Salzwasser je nach Grösse und Frische der Bohnen 10–15 Minuten garen. Wenn sie weich, aber noch bissfest sind, abschütten und kalt abschrecken.

Zitronencreme mit Himbeeren

2 Inzwischen die Karotten schälen und in feine Streifen, etwas dünner als die Bohnen schneiden.

3 In einer grossen Pfanne die Butter aufschäumen lassen. Bohnen und Karottenstreifen beifügen und auf mittlerer Hitze unter häufigem Wenden so lange dünsten, bis die Karotten knapp weich sind; falls nötig 1–2 Esslöffel Wasser beifügen. Mit Salz und Pfeffer abschmecken.

Wenn man für weniger/mehr Gäste kocht

Die Rezeptmenge kann ohne Einschränkung halbiert oder vervielfacht werden.

Was man vorbereiten kann

Das Gericht lässt sich 2–3 Stunden im Voraus fertig stellen; dabei unbedingt darauf achten, dass das Gemüse nicht zu weich gegart wird, da es beim Abkühlen und späteren Wiedererhitzen noch nachgart. Neben der Herdplatte zugedeckt stehen lassen. Kurz vor dem Servieren nochmals 2–3 Minuten unter Wenden dünsten; unbedingt wenig Wasser oder Bouillon beifügen, damit das Gemüse nicht anbrennt.

Zitronencreme mit Himbeeren

Diese Creme kann auch mit tiefgekühlten Himbeeren zubereitet werden. Diese wenn möglich nebeneinander ausgebreitet auftauen lassen; auf diese Weise verlieren sie am wenigsten Saft. Verwendet man Beeren, die mit Zucker eingefroren wurden, diese auftauen lassen, den Saft abschütten und die Zuckermenge in der Creme leicht reduzieren. Auch andere Beeren und Früchte – zum Beispiel Erdbeeren, Brombeeren, Pfirsiche, Pflaumen oder Mangos – lassen sich gut mit der Zitronencreme kombinieren.

Für 4 Personen

Schale von 1 Zitrone
Saft von 2 Zitronen
75 g Zucker
2 Becher Joghurt nature (insgesamt 360 g)
200 ml Rahm
500 g Himbeeren

1 Die abgeriebene Zitronenschale, den Zitronensaft, den Zucker und den Joghurt verrühren.

2 Den Rahm steif schlagen und unter die Zitronencreme ziehen.

3 Die Hälfte der Himbeeren mit der Creme mischen. Die restlichen Beeren in Dessertschalen oder Coupegläser verteilen. Die Creme darauf verteilen. Nach Belieben mit Beeren und/oder Pfefferminzblättern garnieren.

Wenn man für weniger/mehr Gäste kocht

Die Rezeptmenge kann ohne Einschränkung halbiert oder vervielfacht werden.

Was man vorbereiten kann.

Das Dessert kann 2–3 Stunden im Voraus fertig gestellt werden.

Menü 19

Zum Auftakt:
Hirtensalat

Das Hauptgericht:
Huhn mit Tomaten in Wermutrahm
Kleine Bratkartoffeln mit Rosmarin

Zum Dessert:
Mangocreme

Hirtensalat

Dieser bunte Salat verdankt seinen Namen dem Umstand, dass er früher einfach mit den Zutaten zubereitet wurde, die gerade vorhanden waren. Diese können nach Jahreszeit und Angebot immer wieder variieren. Lassen Sie sich also beim Zusammenstellen der Salatzutaten vom aktuellen Marktangebot inspirieren.

Für 4 Personen

1 kleiner Kopf Lattich
2 kleinere Köpfe weisser Chicorée
2 kleinere Köpfe roter Chicorée
50 g Kresse
1 grosse Karotte
2 zarte Zweige Stangensellerie
1 gelbe Peperoni (Paprika)
1 Bund Petersilie
1 Bund Schnittlauch

Sauce:
2 hart gekochte Eier
1 Esslöffel Senf
Salz, schwarzer Pfeffer aus der Mühle
4 Esslöffel Rotweinessig
6–7 Esslöffel Olivenöl

1 Den Lattich sowie den weissen und roten Chicorée rüsten, waschen und in Streifen schneiden. Die Kresse kurz waschen und sehr gut abtropfen lassen.
2 Die Karotte schälen und in feine, etwa zündholzlange Streifchen schneiden. Den Stangensellerie mitsamt schönem Grün in dünne Scheibchen schneiden. Die Peperoni halbieren, entkernen und in zündholzlange Streifchen schneiden. Die Petersilienblätter klein zupfen (nicht hacken!). Den Schnittlauch in Röllchen schneiden.
3 Alle vorbereiteten Salatzutaten in einer Schüssel locker mischen.
4 Für die Sauce die Eier schälen und halbieren. Die Eigelbe auslösen und durch ein feines Sieb streichen. Mit Senf, Salz, Pfeffer, Essig und Öl zu einer sämigen Sauce rühren. Die Eiweisshälften hacken und beiseite stellen.
5 Unmittelbar vor dem Servieren den Salat mit der Sauce mischen, auf Tellern anrichten und mit dem Eiweiss bestreuen.

Wenn man für weniger/mehr Gäste kocht
Die Rezeptmenge kann ohne Einschränkung halbiert oder vervielfacht werden.

Was man vorbereiten kann
Alle Salatzutaten sowie die Sauce können 2–3 Stunden im Voraus zubereitet werden, gemischt und angerichtet wird der Salat aber erst unmittelbar vor dem Essen.

Huhn mit Tomaten in Wermutrahm

Noilly Prat ist ein sehr trockener französischer Wermut, der sich dank seines zarten Kräuteraromas hervorragend zum Kochen, vor allem zum Abschmecken von Saucen, hellem Fleisch sowie Fisch, eignet. Verwendet man für dieses unkomplizierte, aber hinreissend gute Pouletgericht einen italienischen Wermut, sollte man ihn zur Hälfte mit Weisswein mischen, damit er nicht vorschmeckt. Auch eine Mischung von trockenem Sherry und Weisswein eignet sich als Saucengrundlage.

Hirtensalat

Für 4 Personen

2 kleinere Poulets
Salz, schwarzer Pfeffer aus der Mühle
edelsüsser Paprika
1 Bund Thymian
2 Knoblauchzehen
2 Esslöffel Bratbutter
1/4 l Noilly Prat (trockener Wermut)
1 Dose Pelati-Tomaten (400 g)
150 ml Rahm

1 Das Poulet in 8–12 Stücke teilen (eventuell vom Metzger machen lassen). Die Teile mit Salz, Pfeffer und Paprika kräftig würzen.

2 Die Thymianblättchen von den Stielen zupfen. Den Knoblauch schälen und in Stifte schneiden.

3 In einem Bräter die Bratbutter erhitzen. Die Pouletteile darin kräftig anbraten. Thymian und Knoblauch dazustreuen und alles mit dem Noilly Prat ablöschen. Diesen leicht einkochen lassen.

4 Die Tomaten in ein Sieb abschütten und gut abtropfen lassen (Saft als Aperitif trinken oder für eine Suppe oder Sauce verwenden). Die Tomaten halbieren und zwischen die Pouletteile legen.

5 Das Pouletragout im offenen Bräter auf der zweituntersten Rille des auf 220 Grad vorgeheizten Ofens 30 Minuten unter gelegentlichem Begiessen mit der Garflüssigkeit schmoren.

6 Die Ofenhitze auf 250 Grad erhöhen. Den Rahm zum Huhn giessen und alles weitere 15 Minuten garen. In der Form servieren.

Wenn man für weniger/mehr Gäste

- Für 2–3 Personen: Die Rezeptmenge halbieren; eventuell anstelle eines Poulets zwei Coquelets, die man halbiert, verwenden.
- Mehr Gäste: Bei Verdoppelung der Rezeptmenge nur das Anderthalbfache an Flüssigkeit (Noilly Prat, Rahm), bei Verdreifachung nur die doppelte Flüssigkeitsmenge verwenden.

Was man vorbereiten kann

Das Gericht kann bis und mit Punkt 4 2–3 Stunden im Voraus zubereitet werden; bis zur Verwendung kühl stellen. Das Ragout 45 Minuten vor dem Essen noch einmal auf der Herdplatte aufkochen lassen, dann in den vorgeheizten Ofen schieben.

Kleine Bratkartoffeln mit Rosmarin

Wenn man keine kleinen Kartoffeln findet, kann man auch grosse verwenden: Diese schälen, würfeln oder in Scheiben schneiden und nach Rezept zubereiten, jedoch etwas mehr Bratbutter verwenden.

Huhn mit Tomaten in Wermutrahm, dazu kleine Bratkartoffeln mit Rosmarin

Für 4 Personen

600 g möglichst kleine Kartoffeln
1 Esslöffel Bratbutter oder Olivenöl
Salz
1 Zweig Rosmarin

1 Die Kartoffeln nur unter fliessendem Wasser bürsten, jedoch nicht schälen. Auf Küchenpapier trocknen.
2 In einer Bratpfanne die Butter oder das Olivenöl erhitzen. Die Kartoffeln beifügen und leicht salzen. In der ersten Hälfte der Bratzeit zugedeckt, dann offen goldbraun braten. Die Bratzeit beträgt je nach Grösse und Kartoffelsorte 20–30 Minuten.
3 Die Rosmarinnadeln vom Zweig streifen und hacken. Während der letzten 5 Minuten über die Kartoffeln streuen und mitbraten.

Wenn man für weniger/mehr Gäste kocht
Die Rezeptmenge kann ohne Einschränkung halbiert oder vervielfacht werden. Bei einer grossen Portion die Kartoffeln eventuell in 2 Pfannen zubereiten.

Was man vorbereiten kann
Die Kartoffeln 2–3 Stunden im Voraus halbweich garen und kurz vor dem Servieren fertig braten.

Mangocreme

Je länger diese feine exotische Fruchtcreme im Voraus zubereitet wird, desto fester wird auf natürliche Weise ihre Konsistenz. Verwenden Sie unbedingt gut reife Mangos; diese erkennt man daran, dass sie fein duften und ihr Fleisch auf Fingerdruck leicht nachgibt. Anstatt mit Mangos kann die Creme auch mit Bananen zubereitet werden.

Für 4 Personen

5 Mangos
Saft von 1 Zitrone
Saft von 1 Orange
125 g gezuckerte Kondensmilch
1/4 l nordische Sauermilch oder saurer Halbrahm

1 Die Mangos schälen. Das Fruchtfleisch vom Stein schneiden. Daraus einige schöne Würfel oder Schnitze schneiden und beiseite legen.
2 Das restliche Mangofleisch, den Zitronen- und Orangensaft, die Kondensmilch und die Sauermilch oder den sauren Halbrahm zusammen pürieren.
3 Die Creme in Dessertschalen anrichten und mit den Mangowürfeln oder -schnitzchen garnieren. Bis zum Servieren kühl stellen.

Wenn man für weniger/mehr Gäste kocht
Die Rezeptmenge kann ohne Einschränkung halbiert oder vervielfacht werden.

Was man vorbereiten kann
Die Creme kann einen 1/2 Tag im Voraus zubereitet werden.

Mangocreme

Menü 20

Zum Auftakt:
Kopfsalat mit Avocado und Lachsschinken

Das Hauptgericht:
Kalbsschnitzelgratin mit Steinpilzen
Zweifarbige Butternudeln

Das Dessert:
Quarkglace mit warmen Himbeeren

Kopfsalat mit Avocado und Lachsschinken

Zarter Kopfsalat, leicht pfeffrige Kresse und nussige Avocado sind drei Salatzutaten, die geschmacklich gut harmonieren. Das Tüpfchen auf dem i bilden einige dünn geschnittene Scheiben Lachsschinken auf dem Salat. Dieser kann auch durch fein gescheibelte rohe Champignons oder durch Räucherlachsstreifchen ersetzt werden. Anstelle von Estragonessig und frischem Estragon kann man je nach Jahreszeit auch Weissweinessig und Schnittlauch verwenden.

Für 4 Personen

1 kleiner Kopfsalat
50 g Kresse
1 reife Avocado
Saft von ½ Zitrone
3 Esslöffel Estragonessig
1 Teelöffel Senf
Salz, Pfeffer aus der Mühle
6 Esslöffel Olivenöl
½ Bund Estragon
80 g dünn geschnittene Scheiben Lachsschinken

1 Die Kopfsalatblätter auslösen, waschen und sehr gut abtropfen lassen. Grosse Blätter in Stücke reissen. Die Kresse ebenfalls kurz waschen und gut abtropfen lassen.
2 Die Avocado schälen, halbieren, den Stein herauslösen und die Hälften in Schnitze schneiden. Sofort mit dem Zitronensaft mischen.
3 Essig, Senf, Salz, Pfeffer und Öl zu einer Sauce rühren. Den Estragon hacken und beifügen.
4 Unmittelbar vor dem Servieren Kopfsalat, Kresse und Avocados sorgfältig mit der Salatsauce mischen. In tiefen Tellern anrichten. Die Lachsschinkenscheiben dekorativ auf den Salat setzen. Mit grob gemahlenem Pfeffer bestreuen. Sofort servieren.

Wenn man für weniger/mehr Gäste kocht
Die Rezeptmenge kann ohne Einschränkung halbiert oder vervielfacht werden.

Was man vorbereiten kann
Alle Salatzutaten und die Sauce 2–3 Stunden im Voraus bereitstellen, den Salat aber erst unmittelbar vor dem Servieren mischen und anrichten.

Kalbsschnitzelgratin mit Steinpilzen

Für 4 Personen

20 g getrocknete Steinpilze
2 Schalotten
8–12 Kalbsschnitzel, je nach Grösse
Salz, schwarzer Pfeffer aus der Mühle
etwas edelsüsses Paprikapulver
½–1 Esslöffel Bratbutter
100 ml Weisswein
2 Messerspitzen Fleischextrakt oder etwas Bouillonpaste
200 ml Doppelrahm

1 Die Steinpilze 15–20 Minuten in lauwarmem Wasser einweichen.
2 Den Backofen auf 200 Grad vorheizen.
3 Die Schalotten schälen und fein hacken.
4 Die Pilze abschütten und ausdrücken.
5 Die Kalbsschnitzelchen zwischen Klarsichtfolie mit dem Wallholz leicht

Kalbsschnitzelgratin mit Steinpilzen und Nudeln

klopfen. Dann mit Salz, Pfeffer und Paprika würzen.

6 In einer Bratpfanne die Bratbutter erhitzen. Die Schnitzel in 2–3 Portionen jeweils 30 Sekunden auf der einen, 15 Sekunden auf der zweiten Seite anbraten. In eine Gratinform geben.

7 Im Bratensatz die Schalotten und Steinpilze 2–3 Minuten andünsten. Mit dem Weisswein ablöschen. Fleischextrakt oder Bouillonpaste beifügen. Die Flüssigkeit gut zur Hälfte einkochen lassen. Dann den Doppelrahm beifügen und alles nochmals etwas einkochen lassen. Die Sauce über die Kalbsschnitzel geben.

8 Die Kalbsschnitzel im vorgeheizten Ofen auf der zweituntersten Rille bei 200 Grad etwa 20 Minuten garen. Heiss in der Form servieren.
Dazu serviert man Nudeln – hübsch sehen zweifarbige, zum Beispiel weisse und grüne Teigwaren aus –, die man nach dem Kochen kurz in Butter schwenkt.

Wenn man für weniger/mehr Gäste kocht

- Für 2–3 Personen: Die Rezeptmenge halbieren.
- Mehr Gäste: Bei Verdoppelung des Rezepts nur das Anderthalbfache an Flüssigkeit (Wein, Doppelrahm), bei Verdreifachung nur die doppelte Flüssigkeitsmenge verwenden.

Was man vorbereiten kann

Das Gericht kann bis und mit Punkt 7 2–3 Stunden im Voraus zubereitet werden. 20 Minuten vor dem Essen in den gut vorgeheizten Ofen schieben.

Quarkglace mit warmen Himbeeren

Eine erfrischende Glace, wie man sie nicht kaufen kann und die erst noch schnell zubereitet ist! Statt dem warm servierten Himbeerkompott eignet sich auch ein Aprikosen-, Pfirsich- oder Kirschenkompott oder eine Fruchtsauce als Begleiter.

Für 4 Personen

Glace:
3 Eigelb
3 Esslöffel Puderzucker
1 Päckchen Bourbon-Vanillezucker
300 g Rahmquark
100 ml Rahm

Himbeerkompott:
500 g Himbeeren
100 ml Wasser
75 g Zucker
1 Päckchen Bourbon-Vanillezucker
2 gestrichene Esslöffel Speisestärke
nach Belieben 4 Esslöffel Himbeergeist oder Kirsch

1 Die Eigelbe mit dem Puderzucker, dem Vanillezucker und 1 Esslöffel heissem Wasser zu einer hellen, dicklichen Creme aufschlagen. Wichtig: Der Zucker muss sich vollständig auflösen.

2 Den Quark unter die Eicreme rühren.
3 Den Rahm steif schlagen und sorgfältig unter die Quarkmasse ziehen. Eine Cakeform mit Klarsichtfolie auslegen. Die Quarkcreme einfüllen und mindestens 3 Stunden gefrieren lassen.
4 Die Himbeeren verlesen und mit dem Wasser, dem Zucker und dem Vanillezucker in einen Topf geben. Aufkochen, aber nicht rühren, sonst zerfallen die Beeren zu Mus!
5 Die Speisestärke mit dem Himbeergeist oder allenfalls der gleichen Menge Wasser anrühren. Zum Kompott geben und nochmals kurz aufkochen.
6 Die Form mit der Glace kurz in heisses Wasser tauchen und die Glace auf eine Platte stürzen. In Tranchen schneiden und mit heissem Kompott anrichten. Sofort servieren.

Tipp
Verwendet man Magerquark, muss die Rahmmenge um die Hälfte erhöht werden.

Wenn man für weniger/mehr Gäste kocht
Die Rezeptmenge kann ohne Einschränkung halbiert oder vervielfacht werden.

Was man vorbereiten kann
Die Quarkglace kann eine Woche im Voraus zubereitet werden. Nach dem Einfrieren gut in Alufolie verpacken, damit sie keinen Fremdgeschmack annimmt. Vor dem Servieren rechtzeitig aus dem Tiefkühler nehmen und im Kühlschrank leicht antauen lassen.
Das Himbeerkompott kann 2–3 Stunden im Voraus zubereitet werden. Vor dem Servieren nochmals kurz aufkochen.

Quarkglace mit warmen Himbeeren

Fleischlos glücklich

Menü 21

Zum Auftakt:
Blattsalat mit gebratenen Champignons

Das Hauptgericht:
Krautstiel-Cannelloni

Zum Dessert:
Soufflé glacé au chocolat

Blattsalat mit gebratenen Champignons

Ein einfacher Salat wird durch die Beigabe von warmen Pilzen zur eleganten Vorspeise. Sowohl Salat- wie auch Pilzsorten können nach Saison und persönlicher Vorliebe variiert werden.

Für 4 Personen

1 mittlerer Kopfsalat oder Friséesalat oder 100–150 g Schnitt-, Nüssli- (Feld-) oder Lollosalat
2 Knoblauchzehen
1 Bund Petersilie
250 g Champignons
2–3 Esslöffel Olivenöl
Salz, schwarzer Pfeffer aus der Mühle

Vinaigrette:
1 Bund Schnittlauch
3 Esslöffel Weissweinessig
1 Esslöffel Balsamicoessig
1 Teelöffel Senf
Salz, Pfeffer aus der Mühle
6 Esslöffel Olivenöl

1 Den Salat gründlich waschen, gut abtropfen lassen und in mundgrosse Stücke zupfen.
2 Den Knoblauch schälen und zusammen mit der Petersilie sehr fein hacken.
3 Die Champignons rüsten und in dicke Scheiben schneiden.
4 In einer Bratpfanne das Olivenöl erhitzen. Die Pilze auf grossem Feuer 2–3 Minuten braten; ziehen sie Saft, diesen vollständig verdampfen lassen. Dann die Hitze kleiner stellen, die Pilze mit Salz und Pfeffer würzen und die Petersilien-Knoblauch-Mischung beifügen. Noch gut 1 Minute braten. Auf die Seite stellen.
5 Für die Vinaigrette den Schnittlauch fein schneiden. Mit den restlichen Zutaten verrühren.
6 Unmittelbar vor dem Servieren den Salat mit der Sauce mischen. Auf Tellern anrichten. Die Champignons wenn nötig nochmals kurz erhitzen und über den Salat verteilen. Sofort servieren.

Wenn man für weniger/mehr Gäste kocht
Die Rezeptmenge kann ohne Einschränkung halbiert oder vervielfacht werden.

Was man vorbereiten kann
Bis auf das Mischen des Salats mit der Sauce und dem Anrichten kann diese Vorspeise 2–3 Stunden im Voraus zubereitet werden. Den gerüsteten Salat in einem Plastikbeutel kühl stellen. Die Champignons in der Pfanne lassen; vor dem Servieren nochmals erhitzen. Die Sauce zugedeckt bei Zimmertemperatur aufbewahren.

Krautstiel-Cannellloni

Krautstiele (Stielmangold) sind ein feines Gemüse, das ausgezeichnet zu Teigwaren passt. Hier ergeben sie zusammen mit Tomaten und Mozzarella die Füllung von hausgemachten Cannelloni. Wer die Zubereitung des Nudelteigs scheut, kann frische oder getrocknete Lasagneblätter verwenden; diese wenn nötig vor dem Füllen etwas kürzen, damit die Cannelloni-Rollen nicht zu viel Teig enthalten.

Für 4 Personen

Teig:
200 g Mehl
2 Eier
evtl. ganz wenig Wasser

Füllung:
750 g Krautstiele mit Blättern
50 ml Milch
400 g Tomaten
2 Schalotten
30 g Butter
Salz, Pfeffer aus der Mühle
250 g Mozzarella

Sauce:
30 g Butter
30 g Mehl
1/4 l Milch
150 ml Rahm
100 g geriebener Parmesan
Salz, Pfeffer, Muskatnuss

Blattsalat mit gebratenen Champignons

1 Das Mehl in eine Schüssel geben und in der Mitte eine Vertiefung drücken. Die Eier verquirlen und in die Mehlmulde geben. Alles zu einem glatten, geschmeidigen Teig kneten. Ist er zu trocken, nach und nach nur wenig Wasser untermischen, ist er zu feucht, etwas Mehl dazukneten. In Folie gewickelt mindestens 30 Minuten ruhen lassen.

2 Inzwischen die Krautstiele rüsten und mitsamt den Blättern in dünne Streifen schneiden. In nicht zu viel Salzwasser, dem man die Milch beifügt, 5–8 Minuten nicht zu weich kochen. Abschütten und gut abtropfen lassen.

3 Die Tomaten kurz in kochendes Wasser tauchen, herausnehmen, schälen, quer halbieren, entkernen und in kleine Würfel schneiden.

4 Die Schalotten schälen und fein hacken.

5 In einer Pfanne die Butter schmelzen. Die Schalotten darin andünsten. Die Tomatenwürfel beifügen und 2–3 Minuten mitdünsten. Dann die Krautstiele dazugeben und alles weitere 3–4 Minuten dünsten. Mit Salz und Pfeffer würzen. Abkühlen lassen.

6 Den Mozzarella klein würfeln.

7 Reichlich Salzwasser aufkochen. Eine grosse Schüssel mit kaltem Wasser bereitstellen.

8 Den Teig möglichst dünn auswallen und in Rechtecke von 8 x 10 cm schneiden. Im kochenden Salzwasser 1–2 Minuten ziehen lassen. Dann mit einer Schaumkelle herausheben und in die Schüssel mit dem kalten Wasser geben.

9 Vor dem Füllen die Teigblätter auf einem Küchentuch abtropfen lassen. Die

Krautstiele auf den Teigblättern verteilen. Den Mozzarella darüber geben. Die Teigblätter aufrollen. Nebeneinander in eine gut ausgebutterte Gratinform legen.

10 Für die Sauce die Butter schmelzen. Das Mehl beifügen und unter Rühren 1 Minute dünsten. Die Milch und den Rahm dazugiessen. Die Sauce aufkochen und auf kleinem Feuer 3–4 Minuten kochen lassen. Dann den Käse beifügen und die Sauce mit Salz, Pfeffer und Muskatnuss würzen. Über die Cannelloni verteilen.

11 Die Cannelloni im auf 200 Grad vorgeheizten Ofen auf der zweituntersten Rille etwa 20 Minuten golden überbacken.

Wenn man für weniger/mehr Gäste kocht
Die Rezeptmenge kann ohne Einschränkung halbiert oder vervielfacht werden.

Was man vorbereiten kann
Die Cannelloni können bis aufs Überbacken bereits am Vortag fertig gestellt werden. Die Form gut mit Folie verschliessen und kühl lagern.

Soufflé glacé au chocolat

Die kleinen Schokoladeeisköpfchen erhalten durch die Beigabe von Mandelkrokant einen knusprigen Kontrast zur zart schmelzenden Glacemasse. Nach Belieben kann man die Soufflés glacés auch mit einem Orangenkompott (Rezept Seite 56) oder einer leichten Vanillerahmsauce servieren.

Für 4 Personen

3 Esslöffel Zucker für das Karamel
30 g Mandelstifte oder -blättchen
3 Eigelb
3 Esslöffel Grand Marnier oder weisser Rum
30 g Zucker für die Creme
75 g dunkle Schokolade
300 ml Rahm

Krautstiel-Cannelloni

Soufflé glacé au chocolat

Was man vorbereiten kann
Die Soufflés glacés können etwa eine Woche im Voraus zubereitet werden. Nach dem Einfrieren gut verpacken, damit sie keinen Fremdgeschmack annehmen. Rechtzeitig vor dem Servieren aus dem Tiefkühler nehmen und im Kühlschrank leicht antauen lassen.

1 In einem kleinen Topf den Zucker zu hellbraunem Karamel schmelzen. Die Mandelstifte oder -blättchen beifügen, alles gut mischen und sofort auf ein Backpapier schütten. Abkühlen lassen. Dann in einen Plastikbeutel geben und mit dem Wallholz zerbröseln.

2 Kleine Soufflé-Portionenformen oder Tassen mit Klarsichtfolie auslegen; am besten geht dies, wenn man die Folie auf der einen Seite mit Wasser benetzt.

3 Die Eigelbe mit dem Grand Marnier und dem Zucker so lange schlagen, bis eine helle, dickliche Creme entstanden ist.

4 Die Schokolade in Stücke brechen und in ein Schüsselchen geben. Dieses in einen Topf mit heissem Wasser stellen. Die Schokolade langsam schmelzen; sie darf nicht zu heiss werden, sonst wird sie griessig. Die Schokolade glatt rühren und unter die Eicreme schlagen.

5 Den Rahm steif schlagen. Zur Schokoladecreme rühren. Den Mandelkrokant unterziehen. Die Creme in die vorbereiteten Formen füllen und mindestens 3 Stunden gefrieren lassen.

6 Die Soufflés glacés zum Servieren aus den Förmchen stürzen und nach Belieben mit Krokant und/oder Rahm garnieren.

Wenn man für weniger/mehr Gäste kocht
Die Rezeptmenge lässt sich (drittelweise) entsprechend der Gästezahl reduzieren beziehungsweise vervielfachen.

Menü 22

Zum Auftakt:
Birnen-Tartelettes mit Gorgonzola

Das Hauptgericht:
Grün-rotes Gemüsecurry
Hirsotto

Zum Dessert:
Orangengratin mit Mandelcreme

Birnen-Tartelettes mit Gorgonzola

Raffiniertes zum Auftakt: Die leicht süssen, saftigen Birnen harmonieren geschmacklich perfekt mit dem pikantwürzigen Gorgonzola. Wählen Sie einen eher milden Käse mit nicht zu viel Blauschimmeladern. Nach Belieben kann man auch Mascarpone-Gorgonzola verwenden; in diesem Fall die Crème fraîche weglassen. Zum Aperitif kann man auch Mini-Küchlein mit Birnenwürfelchen zubereiten.

Ergibt 4 Stück

Mürbeteig:
125 g Mehl
1/4 Teelöffel Salz
75 g Butter
75 g Magerquark
1 Eigelb

Belag:
1 kleines Eiweiss
125 g Gorgonzola
2 Esslöffel Crème fraîche
Salz, frisch gemahlener Pfeffer aus der Mühle
2 vollreife, nicht zu grosse Birnen
wenig Zitronensaft
20 g weiche Butter zum Dünsten
1 Teelöffel Puderzucker
3–4 Esslöffel Weisswein
1 Zweig Rosmarin
1 Esslöffel Butter zum Bestreichen

1 Für den Teig Mehl und Salz in einer Schüssel mischen. Die Butter in Flocken dazuschneiden. Alles mit den Fingern zu einer bröseligen Masse reiben. Den Quark und das Eigelb verrühren und beifügen. Die Zutaten rasch zu einem glatten Teig zusammenkneten. In Folie gewickelt mindestens 30 Minuten kühl stellen.

2 Inzwischen für den Belag das Eiweiss steif schlagen.

3 Den Gorgonzola in eine Schüssel geben und mit einer Gabel zerdrücken. Dann die Crème fraîche unterrühren und den Eischnee unterziehen. Die Masse wenn nötig mit ganz wenig Salz sowie reichlich frisch gemahlenem Pfeffer würzen. Gut durchkühlen lassen.

4 Die Birnen schälen, vierteln, das Kerngehäuse entfernen und die Früchte in 1 cm dicke Schnitze schneiden. Sofort mit etwas Zitronensaft mischen.

5 In einer weiten Pfanne die Butter schmelzen. Die Birnen beifügen, mit dem Zucker bestreuen und den Weisswein dazugiessen. Zugedeckt auf kleinem Feuer knapp weich dünsten. Auskühlen lassen.

6 4 kleine Portionenbleche von 8–10 cm Durchmesser grosszügig ausbuttern und mit etwas Mehl bestreuen.

7. Die Hälfte der Rosmarinnadeln von den Zweigen streifen und fein hacken. Den restlichen Rosmarin beiseite legen.

8 Den Teig zwischen Klarsichtfolie und gut mit Mehl bestäubt etwa 3 mm dick auswallen. Daraus 4 Rondellen ausstechen, die deutlich grösser sind als die vorbereiteten Formen. Diese mit dem Teig auslegen und den Boden regelmässig mit einer Gabel einstechen.
Die Gorgonzolamischung auf dem Teigboden verteilen und mit dem gehackten Rosmarin bestreuen. Die Küchlein nochmals 20 Minuten, besser aber länger kalt stellen.

9 Die Butter schmelzen. Die Birnenschnitze in die Formen verteilen und mit

der flüssigen Butter bestreichen. Mit einigen Rosmarinnadeln garnieren.

10 Die Tartelettes im auf 200 Grad vorgeheizten Ofen auf der zweituntersten Rille etwa 20 Minuten golden backen. Heiss oder lauwarm servieren.

Wenn man für weniger/mehr Gäste kocht
Die Zubereitung von weniger als vier Tartelettes lohnt sich nicht. Hingegen kann die Rezeptmenge problemlos vervielfacht werden. Bei grösserer Teigmenge unbedingt portionenweise auswallen.

Was man vorbereiten kann
Die Birnen-Tartelettes können bereits am Vorabend bis aufs Backen zubereitet werden.

Grün-rotes Gemüsecurry

Je nach Saison kann man das Gemüse für dieses Currygericht variieren. Gut eignen sich zum Beispiel auch Karotten, Stangen- oder Knollensellerie, Schwarzwurzeln, grüne Spargeln, Kohlrabi, Blumenkohl, Zucchetti und Auberginen. Anstelle von Hirsotto kann man als Beilage auch einen Trockenreis servieren.

Für 4 Personen

Currysauce:
1 Zweig Stangensellerie mit etwas schönem Grün
1 Schalotte
1 grosse Fleischtomate
1 Esslöffel Butter
1 Esslöffel mildes bis mittelscharfes Currypulver
1 gehäufter Esslöffel Mango-, Rhabarber- oder Apfel-Chutney
1/4 l Gemüsebouillon
100 ml Doppelrahm
Salz, schwarzer Pfeffer
einige Tropfen Worcestershiresauce

Gemüse:
250 g grüne Bohnen
400 g rote Peperoni (Paprika)
250 g Lauch
400 g Broccoli
2 Esslöffel Butter
1/4 l Gemüsebouillon

Links Birnen-Tartelettes mit Gorgonzola, rechts grün-rotes Gemüsecurry

1 Zuerst die Currysauce zubereiten: Den Stangenselleriezweig der Länge nach halbieren, dann in feine Scheibchen schneiden. Das Selleriegrün fein hacken. Die Schalotte schälen und fein hacken. Die Tomate, nach Belieben gehäutet, quer halbieren, entkernen und klein würfeln.

2 In einer Pfanne die Butter schmelzen. Die Schalotte und den Stangensellerie darin etwa 3 Minuten andünsten. Dann den Curry dazustreuen und kurz mitdünsten. Das Chutney und die Bouillon dazugeben. Alles auf mittlerem Feuer leicht einkochen lassen. Dann den Doppelrahm beifügen und nur noch kurz kochen lassen. Die Tomatenwürfel und das Stangenselleriegrün beigeben. Die Sauce mit Salz, Pfeffer sowie Worcestershiresauce würzen. Beiseite stellen.

3 Die Bohnen rüsten und waschen. Die Peperoni halbieren, entkernen und in Streifen schneiden. Den Lauch rüsten und in 1 cm breite Ringe schneiden. Den Broccoli in kleine Röschen teilen; den Strunk schälen und in Stängelchen schneiden.

4 Die Butter in einem grossen Topf erhitzen. Bohnen, Peperoni und Lauch unter häufigem Rühren 2 Minuten andünsten. Die Bouillon dazugiessen und alles zugedeckt 10 Minuten kochen lassen. Dann den Broccoli beifügen und alles weitere 8–10 Minuten garen.

5 Das Gemüse mit einer Schaumkelle herausheben. Sofort mit der heissen Currysauce mischen und anrichten.

Wenn man für weniger/mehr Gäste kocht
Die Rezeptmenge kann ohne Einschränkung halbiert oder vervielfacht werden.

Was man vorbereiten kann
Die Currysauce (Punkt 1–2) kann bereits am Vorabend, das Gemüse (Punkt 3–4) 1–2 Stunden im Voraus zubereitet werden. Vor dem Servieren Gemüse und Sauce separat nochmals erhitzen, dann mischen und anrichten.

Hirsotto

Es wird gerne vergessen, was für eine schmackhafte Beilage Hirse sein kann. Zudem ist sie unkompliziert und schnell zubereitet.

Für 4 Personen

2 kleine Frühlingszwiebeln
1 Esslöffel Butter
250 g Goldhirse
ca. 600 ml Gemüsebouillon
3–4 Esslöffel Rahm
3–4 Esslöffel geriebener Sbrinz oder Parmesan
Salz, schwarzer Pfeffer aus der Mühle

1 Die Frühlingszwiebeln rüsten. Schönes Grün in feine Ringe schneiden, den weissen Teil fein hacken.
2 In einem Topf die Butter erhitzen. Die Frühlingszwiebeln darin andünsten.
3 Die Hirse kurz unter kaltem Wasser spülen, beifügen und kurz mitdünsten. Die Gemüsebouillon dazugiessen. Alles zugedeckt auf kleinem Feuer unter gelegentlichem Umrühren etwa 20 Minuten nicht zu weich kochen.
4 Am Schluss der Garzeit den Hirsotto mit dem Rahm und dem Käse verfeinern und mit Salz und Pfeffer abschmecken. Neben der Herdplatte noch 5 Minuten ausquellen lassen, dann servieren.

Wenn man für weniger/mehr Gäste kocht
Die Rezeptmenge kann ohne Einschränkung halbiert oder vervielfacht werden.

Was man vorbereiten kann
Den Hirsotto 2–3 Stunden im Voraus bis Punkt 3 zubereiten, jedoch nur die Hälfte der Bouillon beifügen. Wenn diese aufgenommen ist, die Hirse beiseite stellen. Kurz vor dem Servieren die restliche Bouillon beifügen und den Hirsotto gemäss Rezept fertig kochen.

Orangengratin mit Mandelcreme

Besonders attraktiv sieht das Dessert aus, wenn man Blond- und Blutorangen verwendet, aber es schmeckt natürlich auch mit nur einer Orangensorte köstlich. Auf die gleiche Weise kann übrigens im Sommer ein Pfirsichgratin zubereitet werden.

Für 4 Personen

4 Blondorangen
2 Blutorangen
150 ml frisch gepresster Orangensaft (von etwa 2 Orangen)
20 g Puderzucker
1 Esslöffel Speisestärke
2 Esslöffel Grand Marnier
2 Eigelb
50 g Marzipan
100 ml Crème fraîche
4 Kugeln Vanilleglace

1 Die Orangen mitsamt der weissen Haut schälen und die Schnitze mit einem scharfen Messer aus den Trennhäuten schneiden. Die Orangenfilets in eine ausgebutterte Gratinform oder in 4 feuerfeste Portionenschalen geben.
2 Orangensaft und Puderzucker in einen kleinen Topf geben. Aufkochen. Die Speisestärke mit etwas kaltem Wasser anrühren, beifügen und noch einmal aufkochen lassen, bis die Sauce bindet. Vom Feuer nehmen und mit dem Grand Mariner parfümieren. Über die Orangenfilets träufeln.
3 Die Eigelbe mit der fein zerbröckelten Marzipanmasse cremig rühren; es dauert einige Zeit, bis die Creme ganz glatt ist. Die Crème fraîche unterziehen. Bis zur Verwendung kühl stellen.
4 Kurz vor dem Servieren den Backofen auf 250 Grad vorheizen.
5 Die Creme über die Orangen verteilen. Diese sofort in der Mitte des vorgeheizten Ofens 10–12 Minuten golden überbacken.
6 Auf jede noch warme Gratinportion eine Kugel Vanilleglace setzen. Sofort servieren.

Wenn man für weniger/mehr Gäste kocht
Die Rezeptmenge kann ohne Einschränkung halbiert oder vervielfacht werden.

Was man vorbereiten kann
Das Dessert kann bis und mit Punkt 3 einige Stunden im Voraus zubereitet werden.

Orangengratin mit Mandelcreme

Menü 23

Zum Auftakt:
Chicoréefächer an Gorgonzola-Dressing

Das Hauptgericht:
Kartoffel-Champignon-Torte

Zum Dessert:
Kleine Kokospuddinge mit Mango-Kiwi-Sauce

Chicoréefächer an Gorgonzola-Dressing

Wer den Geschmack von Gorgonzola überhaupt nicht mag, obwohl die Sauce damit sehr zurückhaltend gewürzt ist, kann den Käse durch Doppelrahm-Frischkäse mit grünem Pfeffer oder Knoblauch und Kräutern ersetzen.

Für 4 Personen

2 rosa Grapefruits
50 g Baumnusskerne
4 weisse Chicorée

Sauce:
4 Esslöffel Olivenöl
3 Esslöffel Sherryessig
1 Knoblauchzehe
1/2 Teelöffel Senf
1 Esslöffel Rahm
50 g Mascarpone-Gorgonzola
Salz, Pfeffer aus der Mühle

1 Die Grapefruits mit einem scharfen Messer mitsamt der weissen Haut schälen, dann die Schnitze aus den Trennhäuten schneiden.
2 Die Baumnusskerne in einer Pfanne ohne Fettzugabe leicht rösten. Herausnehmen, etwas abkühlen lassen, dann grob zerbröckeln.
3 Die Chicoréeblätter auslösen und waschen. Mit den Grapefruitschnitzen dekorativ auf Tellern anrichten.
4 Für die Sauce das Öl, den Essig, die durchgepresste Knoblauchzehe, den Senf und den Rahm im Mixer oder mit dem Stabmixer in einem hohen Gefäss aufschlagen. Dann den in Stücke zerbröckelten Gorgonzola beifügen und alles nochmals kurz mixen. Mit Salz und Pfeffer abschmecken.

Chicoréefächer an Gorgonzola-Dressing

5 Vor dem Servieren die Sauce über die untere Hälfte der Chicoréefächer verteilen. Mit den Baumnüssen bestreuen.

Wenn man für weniger/mehr Gäste kocht
Die Rezeptmenge kann ohne Einschränkung halbiert oder vervielfacht werden.

Was man vorbereiten kann
Der Salat kann bis und mit Punkt 4 2–3 Stunden im Voraus zubereitet

werden. In diesem Fall allerdings die Chicoréeblätter nicht anrichten, sondern in einem Plastikbeutel im Gemüsefach des Kühlschranks lagern. Grapefruitschnitze mit Folie gut zudecken, damit sie nicht antrocknen; eventuell etwas Saft aus den verbliebenen Trennhäuten der Früchte darüber träufeln.

Kartoffel-Champignon-Torte

In Rahm vorgekochte Kartoffeln werden mit gebratenen Champignons sowie einer würzigen Petersilien-Parmesan-Mischung in Blätterteig gebacken. Dazu serviert man eine kräftige Madeirasauce. Die Luxusvariante dieser Torte: Anstelle von Champignons in hauchfeine Scheibchen gehobelte schwarze Trüffel über die Kartoffeln geben.

Für 4–5 Personen

1 kg Kartoffeln
1/2 l Rahm
Salz, Pfeffer, Muskatnuss
400 g Champignons
1 Esslöffel Butter
4 Bund Petersilie
100 g geriebener Parmesan oder Sbrinz
ca. 400 g Blätterteig
1 Eigelb
1 Teelöffel Rahm zum Bestreichen

Madeirajus:
1/4 l Gemüsefond
100 ml Rotwein
100 ml Madeira
80 g Butter
Salz, Pfeffer aus der Mühle
evtl. einige Tropfen Zitronensaft

1 Die Kartoffeln schälen und in dünne Scheiben schneiden. In einen Topf geben. Den Rahm dazugiessen und alles mit Salz, Pfeffer und Muskatnuss würzen. Zugedeckt auf kleinem Feuer unter häufigem Durchrütteln 10 Minuten leise kochen lassen. Auskühlen lassen.
2 Die Champignons rüsten und in Scheiben schneiden. Eine Bratpfanne leer – also ohne Fettzugabe – erhitzen. Die Pilze hineingeben und kräftig anbraten; ziehen sie Saft, diesen vollständig verdampfen lassen. Am Schluss die Butter beifügen und nur aufschäumen lassen. Die Champignons beiseite stellen.
3 Die Petersilie hacken. Mit dem Parmesan mischen.
4 Gut die Hälfte des Blätterteigs um einiges grösser als eine Springform von 26 cm Durchmesser auswallen. Die Form

damit auslegen. Den Teigrand hochziehen und über den Formenrand hängen lassen. Den Boden mit einer Gabel regelmässig einstechen. Die Hälfte der Petersilien-Parmesan-Mischung darauf verteilen. Die Kartoffeln hineingeben und mit den Champignons belegen. Die Petersilien-Parmesan-Mischung darüber geben. Den überstehenden Teig auf etwa 2 cm zurückschneiden und über die Füllung legen.

5 Den restlichen Teig in der Grösse der Form auswallen, zurechtschneiden und als Deckel auflegen. Die Ränder gut andrücken. In der Mitte ein Dampfloch ausstechen und mit Teigresten verstärken. Die Torte nach Belieben mit den Teigresten dekorieren.

6 Eigelb und Rahm verrühren und den Teigdeckel damit bestreichen. Die Torte mindestens 20 Minuten kühl stellen.

7 Die Kartoffeltorte auf der untersten Rille des auf 250 Grad vorgeheizten Ofens 15 Minuten backen. Dann die Hitze auf 150 Grad reduzieren und alles weitere 30 Minuten backen.

8 Für den Jus den Gemüsefond, den Rotwein und den Madeira auf grossem Feuer auf etwa 150 ml einkochen lassen. Beiseite stellen.

9 Unmittelbar vor dem Servieren die Sauce nochmals aufkochen. Die Butter flockenweise in die Sauce geben und einziehen lassen. Mit Salz, Pfeffer und Zitronensaft abschmecken. Separat zur Kartoffeltorte servieren.

Kartoffel-Champignon-Torte

Wenn man für weniger/mehr Gäste kocht
Die Rezeptmenge kann problemlos halbiert werden. Wird die Torte für mehr Gäste zubereitet, zwei oder entsprechend viele Torten backen; zu grosse Torten ergeben ein schlechtes Backresultat.

Was man vorbereiten kann
Die Torte kann bis und mit Punkt 6 2–3 Stunden im Voraus zubereitet werden. In diesem Fall unbedingt darauf achten, dass die Kartoffelmasse vor dem Einfüllen vollständig erkaltet ist, sonst durchweicht sie den Teigboden. Auch der Madeirajus (Punkt 8) kann vorbereitet werden.

Kleine Kokospuddinge mit Mango-Kiwi-Sauce

Diese zarten Flans sind eine exotische Variante unseres traditionellen Mandelpuddings, auch Blancmanger genannt. Anstelle einer Mango-Kiwi-Sauce kann man im Sommer auch eine Himbeer- und Brombeersauce dazu servieren.

Für 4 Personen

100 g Kokosraspel
¼ l Milch
3 Blatt Gelatine
40 g heller Honig
2 Prisen gemahlener Kardamom
1 Esslöffel Batida de Coco (Kokoslikör)
150 ml Rahm

Sauce:
2 Kiwi
1 Mango
2 Esslöffel Puderzucker
2 Esslöffel weisser Rum

1 Die Kokosraspel mit der Milch aufkochen. Sofort vom Feuer nehmen und mindestens 6 Stunden durchziehen lassen. Dann absieben und die Rückstände sehr gut auspressen. Wenn nötig den Sud mit Milch wieder auf ¼ l ergänzen. In einen Topf geben.
2 Die Gelatine in reichlich kaltem Wasser einweichen.
3 Den Honig zur Kokosmilch geben und unter Rühren aufkochen. Vom Feuer nehmen. Die Milch mit dem Kardamom und dem Kokoslikör parfümieren. Die eingeweichten Gelatineblätter ausdrücken und in der heissen Milch auflösen. Kühl stellen.
4 Wenn die Kokosmilch am Rand entlang zu gelieren beginnt, den Rahm steif schlagen und unterziehen. Die Creme in vier kalt ausgespülte Förmchen geben. Im Kühlschrank mindestens 3 Stunden fest werden lassen.
5 Für die Sauce Kiwi und Mango schälen. Das Fruchtfleisch nach Sorten getrennt mit je der Hälfte Puderzucker und Rum pürieren. Durch ein Sieb streichen. Kühl stellen.
6 Zum Servieren die Förmchen kurz in kaltes Wasser stellen, mit den Fingern den Rand sorgfältig lösen und die Puddinge auf Teller stürzen. Mit den beiden Fruchtsaucen sowie nach Belieben frischen Früchten garnieren.

Wenn man für weniger/mehr Gäste kocht
Die Zubereitung in kleinerer Menge als rezeptiert lohnt sich nicht. Die Puddinge lassen sich aber problemlos 4–5 Tage im Kühlschrank aufbewahren. Die Vervielfachung des Rezeptes ist problemlos.

Was man vorbereiten kann
Die Puddinge müssen aufgrund ihrer Zubereitungsweise ohnehin einen Tag im Voraus hergestellt werden. Auch die Fruchtsauce kann problemlos vorbereitet werden.

Kleine Kokospuddinge mit Mango-Kiwi-Sauce

Menü 24

Zum Auftakt:
Broccoli-Blumenkohl-Salat

Das Hauptgericht:
Gefüllte Teigwarenmuscheln an Peperonisauce

Zum Dessert:
Piña-Colada-Creme

Broccoli-Blumenkohl-Salat

Die Röschen von Broccoli und Blumenkohl ergeben zusammen mit Eivierteln und einer Tomaten-Lauch-Vinaigrette eine appetitanregend bunte Vorspeise. Der Salat kann auch mit in Stängelchen geschnittenen und knackig gedünsteten Zucchetti zubereitet werden.

Für 4 Personen

400 g Broccoli
400 g Blumenkohl
Salz
2 Eier
2 Tomaten
1 kleine Stange Lauch
2 Esslöffel Weissweinessig
schwarzer Pfeffer aus der Mühle
½ Teelöffel Senf
3–4 Esslöffel Olivenöl

1 Den Broccoli und den Blumenkohl in Röschen teilen. Das Gemüse in wenig Salzwasser oder über Dampf 10 Minuten knackig garen.
2 Inzwischen die Eier mit kaltem Wasser bedeckt aufsetzen und vom Siedepunkt an 6–7 Minuten hart kochen. Kalt abschrecken, schälen und vierteln.
3 Die Tomaten quer halbieren, entkernen und klein würfeln.
4 Den Lauch rüsten, waschen und in dünne Ringe schneiden. In wenig kochendes Salzwasser geben und 1 Minute blanchieren. Abschütten und kalt abschrecken.
5 Essig, Salz, Pfeffer, Senf und Öl zu einer Sauce rühren. Lauch und Tomaten beifügen und alles sorgfältig mischen.
6 Das noch warme Gemüse sowie die Eiviertel auf Tellern anrichten und mit Sauce beträufeln.

Wenn man für weniger/mehr Gäste kocht
Die Rezeptmenge kann ohne Einschränkung halbiert oder vervielfacht werden.

Was man vorbereiten kann
Der Salat kann bis und mit Punkt 5 2–3 Stunden im Voraus zubereitet werden. Das Gemüse nach Belieben vor dem Servieren nochmals kurz erwärmen; in diesem Fall nur gerade knackig vorkochen, damit es nicht zu weich wird.

Gefüllte Teigwarenmuscheln an Peperonisauce

Grosse Teigwarenmuscheln werden mit einer Käsecreme mit Frühlingszwiebeln gefüllt und an einer pikanten Peperonisauce kurz überbacken. Die Peperoni für die Sauce werden geschält; dadurch werden sie leichter verdaulich. Anstelle von Frühlingszwiebeln kann man für die Füllung auch Stangensellerie verwenden und die Peperonisauce durch eine Tomatensauce ersetzen. Die Käsecreme eignet sich übrigens auch für die Zubereitung von Cannelloni.

Für 4 Personen

16 grosse Teigwarenmuscheln (Conchiglie)
Salzwasser

Peperonisauce:
3 rote Peperoni (Paprika)
200 ml Hühnerbouillon
150 ml Doppelrahm
1 Prise Cayennepfeffer
Salz, Pfeffer aus der Mühle

Broccoli-Blumenkohl-Salat

Füllung:
2 Bund Frühlingszwiebeln
oder 6 zarte Zweige Stangensellerie
mit Blättern
1 Esslöffel Butter
1 Bund Petersilie
150 g Doppelrahm-Frischkäse
mit Kräutern oder grünem Pfeffer
100 g geriebener Greyerzer
75 g geriebener Sbrinz oder Parmesan
50 ml Rahm
schwarzer Pfeffer aus der Mühle

1 Die Teigwarenmuscheln in reichlich siedendem Salzwasser knapp weich kochen. Abschütten und sofort mit kaltem Wasser überbrausen, damit sie nicht aneinander kleben. Werden die Teigwarenmuscheln längere Zeit im Voraus gekocht, in einer Schüssel mit kaltem Wasser aufbewahren.

2 Für die Sauce die Peperoni waschen, mit Küchenpapier trocknen und auf ein Backblech legen. Auf der mittleren Rille des auf 200 Grad vorgeheizten Ofens so lange backen, bis die Haut der Früchte aufspringt. Herausnehmen, in einen Topf mit gut schliessendem Deckel legen und etwa 10 Minuten abkühlen lassen. Danach lassen sich die Früchte gut schälen. Die Peperoni halbieren, entkernen und in Stücke schneiden. Im Mixer oder mit dem Stabmixer zusammen mit der Bouillon und dem Doppelrahm fein pürieren. Die Sauce mit Salz und Pfeffer würzen.

3 Für die Füllung die Frühlingszwiebeln mitsamt schönem Grün oder die Stangenselleriezweige mit den Blättern fein hacken. In der warmen Butter kurz dünsten. Abkühlen lassen.

4 Die Petersilie fein hacken. Mit den Frühlingszwiebeln oder dem Stangensellerie in eine Schüssel geben. Frischkäse, Greyerzer, Sbrinz und Rahm beifügen und alles gut mischen. Mit Pfeffer würzen.

5 Eine Gratinform gut ausbuttern und die Peperonisauce auf dem Boden verteilen. Je einen gehäuften Esslöffel Füllung in jede vorgekochte Teigwarenmuschel geben. In die Form setzen und diese mit Alufolie verschliessen.

6 Die Teigwarenmuscheln im auf 220 Grad vorgeheizten Ofen auf der untersten Rille 15 Minuten backen. Dann die Folie entfernen und die Muscheln bei gleicher Hitze weitere 10–15 Minuten gratinieren.

Wenn man für weniger/mehr Gäste kocht
Die Rezeptmenge kann ohne Einschränkung halbiert oder vervielfacht werden.

Was man vorbereiten kann
Das Gericht kann bis aufs Überbacken (Punkt 1–5) bereits am Vortag zubereitet werden.

Piña-Colada-Creme

Ohne Likör zubereitet, schmeckt dieses Dessert auch Kindern sehr gut. Die Creme nach Belieben mit einer Kugel Glace, Sorbet oder frischen Ananaswürfeln servieren.

Für 4 Personen

- ¼ l Ananassaft (aus Tetra-Pak oder Dose)
- 2 gestrichene Esslöffel Speisestärke
- 50 g Zucker
- 150 g Mascarpone
- 75 ml Malibulikör (Rum-Kokosnuss-Likör)
- 1/4 l Rahm
- 1 Esslöffel Pistazienkerne
- ca. 100 ml Grenadinesirup

1 Ananassaft, Speisestärke sowie Zucker in einen Topf geben und verrühren. Aufkochen und unter Rühren 2–3 Minuten kochen lassen. In eine Schüssel giessen und 1 Stunde kalt stellen.

2 Mascarpone und Malibulikör verrühren und löffelweise unter die Ananascreme rühren.

3 Den Rahm steif schlagen und unterheben. Die Creme bis zum Servieren kalt stellen.

4 Die Pistazien grob hacken.

5 Zum Servieren etwas Grenadinesirup in Coupegläser oder Dessertschalen füllen und die Creme darüber anrichten. Mit Pistazien bestreuen.

Wenn man für weniger/mehr Gäste kocht
Die Rezeptmenge kann ohne Einschränkung halbiert oder vervielfacht werden.

Was man vorbereiten kann
Die Creme kann bereits am Vorabend fertig gestellt werden.

Ganz links gefüllte Teigwarenmuscheln an Peperonisauce, links Piña-Colada-Creme

Menü 25

Zum Auftakt:
Saisonsalat mit Formaggini

Das Hauptgericht:
Auberginen-Zucchetti-Gratin

Zum Dessert:
Vanille-Himbeer-Terrine

Saisonsalat mit Formaggini

Formaggini sind kleine, leicht gereifte Frischkäse. Sie sind auch in Öl eingelegt erhältlich und können auf diese Weise 4–6 Wochen aufbewahrt werden. Ersetzt werden können die Formaggini durch andere Frischkäse, zum Beispiel aus Schaf- oder Ziegenmilch.

Für 4 Personen

150–200 g gemischte Blattsalate der Saison, z.B. Rucola, Schnittsalat, Löwenzahn, Frisée
10–12 Cherrytomaten
2 Frühlingszwiebeln
1 Bund Petersilie oder Basilikum
175–200 g Formaggini
2–3 Esslöffel Olivenöl
2 Esslöffel Pinienkerne

Sauce:
2 Esslöffel Rotweinessig
2 Esslöffel Balsamicoessig
1 Teelöffel Senf
Salz, schwarzer Pfeffer aus der Mühle
½ Knoblauchzehe
6–7 Esslöffel Olivenöl
1 Esslöffel gehackte Petersilie oder Basilikum

1 Den Salat rüsten, waschen und sehr gut abtropfen lassen.
2 Die Cherrytomaten waschen und je nach Grösse ganz lassen, halbieren oder vierteln.
3 Die Frühlingszwiebeln mitsamt schönem Grün in ganz feine Ringe schneiden.
4 Petersilie oder Basilikum fein hacken. Die Formaggini in den Kräutern wälzen. Dann in Würfel oder Scheiben schneiden. Mit dem Olivenöl beträufeln.
5 Die Pinienkerne in einer trockenen Pfanne ohne Fettzugabe leicht rösten.
6 Für die Sauce die beiden Essigsorten, den Senf, Salz und Pfeffer verrühren. Den Knoblauch dazupressen. Das Olivenöl nach und nach unter Rühren dazugiessen und alles zu einer sämigen Sauce rühren. Die gehackten Kräuter untermischen.
7 Gut ein Drittel der Vinaigrette beiseite stellen. Die restliche Vinaigrette mit den Blattsalaten und den Frühlingszwiebeln mischen. Auf grossen Tellern anrichten. Die Tomaten und den Käse dekorativ darauf verteilen. Mit der beiseite gestellten Vinaigrette beträufeln. Die Pinienkerne darüber streuen. Den Salat sofort servieren.

Wenn man für weniger/mehr Gäste kocht
Die Rezeptmenge kann ohne Einschränkung halbiert oder vervielfacht werden.

Was man vorbereiten kann
Alle Salatzutaten sowie die Sauce (Punkt 1–6) können 2–3 Stunden im Voraus bereit gestellt werden. Den gerüsteten Salat sowie die Frühlingszwiebeln in einem Folienbeutel in das Gemüsefach des Kühlschranks geben.

Saisonsalat mit Formaggini

Auberginen-Zucchetti-Gratin

Für 4 Personen

2 mittlere Auberginen
3 Eier
3 Esslöffel Rahm
Salz, Pfeffer
125 g Toastbrot
1 Bund Petersilie
1/2 Bund Thymian
2 Knoblauchzehen
3 Esslöffel geriebener Parmesan
reichlich Olivenöl zum Braten

Füllung:
2 Zucchetti
1 kleine Zwiebel
1 Knoblauchzehe
3–4 Esslöffel Olivenöl
Salz, Pfeffer aus der Mühle

Sauce zum Überbacken:
1 kleine Zwiebel
2 Esslöffel Olivenöl
1 gehäufter Esslöffel Tomatenpüree
1 Dose gehackte Pelati-Tomaten (400 g)
1/2 Bund Thymian
Salz, Pfeffer aus der Mühle

1 Den Stielansatz der Auberginen entfernen und bei jeder Frucht auf beiden Seiten der Länge nach ein dünnes Stück Schale wegschneiden. Danach die Auberginen der Länge nach in je sechs Scheiben schneiden.

2 Eier und Rahm verquirlen und mit Salz und Pfeffer leicht würzen. Die Auberginenscheiben hineingeben und unter gelegentlichem Wenden etwa 15 Minuten darin ziehen lassen.

3 Das Toastbrot dünn entrinden, im Cutter zerkleinern oder fein reiben. Die Petersilie fein hacken. Die Thymianblättchen von den Zweigen zupfen. Den Knoblauch schälen und sehr fein hacken. Kräuter und Knoblauch mit dem geriebenen Toastbrot und dem Parmesan mischen.

4 Die Auberginenscheiben abtropfen lassen und in der Bröselmasse wenden. Die Panade gut andrücken.

5 Reichlich Olivenöl in einer beschichteten Bratpfanne erhitzen. Die Auberginen darin portionenweise golden braten. Auf Küchenpapier abtropfen lassen.

6 Den Stielansatz der Zucchetti entfernen. Die Früchte ungeschält klein würfeln.

7 Zwiebel und Knoblauch schälen und fein hacken. Im Olivenöl hellgelb dünsten. Die Zucchetti beifügen, unter Wenden weich dünsten und würzen. Beiseite stellen.

8 Für die Sauce die Zwiebel schälen und fein hacken. Im Olivenöl andünsten. Das Tomatenpüree beifügen und kurz mitdünsten. Dann die Tomaten dazugeben. Mit Thymian, Salz und Pfeffer würzen. Auf mittlerem Feuer zugedeckt 10 Minuten kochen lassen.

9 Auf dem Boden einer nicht zu grossen Gratinform 4 Esslöffel Tomatensauce verteilen. 4 Auberginenscheiben darauf setzen, dann die Hälfte der Zucchettiwürfelchen sowie etwas Tomatensauce darüber verteilen. Jede Auberginenscheibe mit einer weiteren bedecken.

Auberginen-Zucchetti-Gratin

Den Rest der Zucchetti sowie die Tomatensauce darauf verteilen. Mit je einer Auberginenscheibe abschliessen.
10 Die Auberginen im auf 200 Grad vorgeheizten Ofen auf der zweituntersten Rille 15–20 Minuten überbacken.

Wenn man für weniger/mehr Gäste kocht
Die Rezeptmenge kann ohne Einschränkung halbiert oder vervielfacht werden.

Was man vorbereiten kann
Die Auberginen können bis aufs Überbacken (Punkt 1–9) 2–3 Stunden im Voraus zubereitet werden.

Vanille-Himbeer-Terrine

Vanille-Himbeer-Terrine

Ein fruchtiges Himbeergelee und eine leichte Vanille-Joghurt-Creme ergeben zusammen ein erfrischendes Dessert. Auf die gleiche Weise kann auch eine Erdbeer-Terrine zubereitet werden. Für das Foto wurde sie mit einer Himbeer-Rahm-Sauce angerichtet – grob zerdrückte Himbeeren werden mit nur gerade flaumig geschlagenem Rahm vermischt –, aber sie schmeckt auch ohne diese ausgezeichnet.

Ergibt 4 Portionen

Himbeergelee:
400 g Himbeeren (evtl. tiefgekühlt)
Saft von 1 Zitrone
2–3 Esslöffel Zucker
2 Blatt Gelatine

Vanillecreme:
1/2 Vanillestängel
1/4 l Joghurt nature
1 Päckchen Bourbon-Vanillezucker
30 g Zucker
4 Blatt Gelatine
1/4 l Rahm

1 Die Himbeeren mit Zitronensaft und Zucker pürieren. Durch ein Sieb streichen, um die Kerne zu entfernen.
2 Die Gelatine in kaltem Wasser einlegen. Wenn sie zusammengefallen ist, tropfnass in einen kleinen Topf geben und bei mittlerer Hitze unter Rühren auflösen. Vom Feuer nehmen. Die Himbeersauce unter Rühren langsam dazugiessen.
3 Eine beschichtete Cake- oder Terrinenform mit Klarsichtfolie auslegen; am besten geht dies, wenn man die Folie auf einer Seite leicht befeuchtet, damit sie gut am Formenrand kleben bleibt. Die Himbeersauce einfüllen und die Form kühl stellen.
4 Den Vanillestängel der Länge nach halbieren und die Samen herauskratzen. Mit dem Joghurt, Vanillezucker und Zucker gut verrühren.
5 Die Gelatine in reichlich kaltem Wasser einweichen. Wenn sie zusammengefallen ist, tropfnass in einen kleinen Topf geben und bei milder Hitze unter Rühren auflösen. Vom Feuer ziehen. Nun löffelweise etwa die Hälfte der Joghurtcreme unterrühren, dann diese Mischung unter die restliche Joghurtmasse schlagen. Kühl stellen, bis die Creme dem Rand entlang zu gelieren beginnt.
6 Den Rahm steif schlagen und unter die Creme ziehen. Diese in die vorbereitete Form füllen. Die Terrine etwa 4 Stunden kalt stellen.
7 Zum Servieren die Terrine auf eine Platte stürzen. In Tranchen schneiden und auf Tellern anrichten. Nach Belieben mit Beeren garnieren.

Wenn man für weniger/mehr Gäste kocht
Es lohnt sich nicht, die Terrine in einer kleineren als der rezeptierten Menge zuzubereiten; sie lässt sich jedoch im Kühlschrank 3–4 Tage frisch halten. Die Vervielfachung der Rezeptmenge ist problemlos möglich; bei sehr grosser Menge eventuell zwei Formen verwenden.

Was man vorbereiten kann
Die Terrine lässt sich gut bereits am Vortag zubereiten.

Menüverzeichnis

Rezeptverzeichnis